海上絲綢之路基本文獻叢書

亞東傳道之開拓者耶德遜傳

佚名 著 張文開 黎文錦 譯

文物出版社

圖書在版編目（CIP）數據

亞東傳道之開拓者耶德遜傳 / 佚名著 ; 張文開， 黎文錦譯. -- 北京 : 文物出版社， 2022.7
（海上絲綢之路基本文獻叢書）
ISBN 978-7-5010-7680-2

Ⅰ. ①亞… Ⅱ. ①佚… ②張… ③黎… Ⅲ. ①耶德遜(Judson, Adoniram 1788-1850) —傳記 Ⅳ. ① B979.971.2

中國版本圖書館 CIP 數據核字 (2022) 第 097840 號

海上絲綢之路基本文獻叢書
亞東傳道之開拓者耶德遜傳

著　　者：佚名　張文開　黎文錦
策　　劃：盛世博閱（北京）文化有限責任公司

封面設計：鞏榮彪
責任編輯：劉永海
責任印製：王　芳

出版發行：文物出版社
社　　址：北京市東城區東直門内北小街 2 號樓
郵　　編：100007
網　　址：http://www.wenwu.com
經　　銷：新華書店
印　　刷：北京旺都印務有限公司
開　　本：787mm×1092mm　1/16
印　　張：13.75
版　　次：2022 年 7 月第 1 版
印　　次：2022 年 7 月第 1 次印刷
書　　號：ISBN 978-7-5010-7680-2
定　　價：98.00 圓

總緒

海上絲綢之路，一般意義上是指從秦漢至鴉片戰争前中國與世界進行政治、經濟、文化交流的海上通道，主要分爲經由黄海、東海的海路最終抵達日本列島及朝鮮半島的東海航綫和以徐聞、合浦、廣州、泉州爲起點通往東南亞及印度洋地區的南海航綫。

在中國古代文獻中，最早、最詳細記載『海上絲綢之路』航綫的是東漢班固的《漢書·地理志》，詳細記載了西漢黄門譯長率領應募者入海『齎黄金雜繒而往』之事，書中所出現的地理記載與東南亞地區相關，并與實際的地理狀况基本相符。

東漢後，中國進入魏晉南北朝長達三百多年的分裂割據時期，絲路上的交往也走向低谷。這一時期的絲路交往，以法顯的西行最爲著名。法顯作爲從陸路西行到印度，再由海路回國的第一人，根據親身經歷所寫的《佛國記》（又稱《法顯傳》）一書，詳細介紹了古代中亞和印度、巴基斯坦、斯里蘭卡等地的歷史及風土人情，是瞭解和研究海陸絲綢之路的珍貴歷史資料。

隨着隋唐的統一，中國經濟重心的南移，中國與西方交通以海路爲主，海上絲綢之路進入大發展時期。廣州成爲唐朝最大的海外貿易中心，朝廷設立市舶司，專門管理海外貿易。唐代著名的地理學家賈耽（七三〇～八〇五年）的《皇華四達記》記載了從廣州通往阿拉伯地區的海上交通『廣州通夷道』，詳述了從廣州港出發，經越南、馬來半島、蘇門答臘半島至印度、錫蘭，直至波斯灣沿岸各國的航綫及沿途地區的方位、名稱、島礁、山川、民俗等。譯經大師義净西行求法，將沿途見聞寫成著作《大唐西域求法高僧傳》，詳細記載了海上絲綢之路的發展變化，是我們瞭解絲綢之路不可多得的第一手資料。

宋代的造船技術和航海技術顯著提高，指南針廣泛應用於航海，中國商船的遠航能力大大提升。北宋徐兢的《宣和奉使高麗圖經》詳細記述了船舶製造、海洋地理和往來航綫，是研究宋代海外交通史、中朝友好關係史、中朝經濟文化交流史的重要文獻。南宋趙汝適《諸蕃志》記載，南海有五十三個國家和地區與南宋通商貿易，形成了通往日本、高麗、東南亞、印度、波斯、阿拉伯等地的『海上絲綢之路』。宋代爲了加强商貿往來，於北宋神宗元豐三年（一〇八〇年）頒佈了中國歷史上第一部海洋貿易管理條例《廣州市舶條法》，并稱爲宋代貿易管理的制度範本。

元朝在經濟上採用重商主義政策，鼓勵海外貿易，中國與歐洲的聯繫與交往非常頻繁，其中馬可·波羅、伊本·白圖泰等歐洲旅行家來到中國，留下了大量的旅行記，記録元代海上絲綢之路的盛况。元代的汪大淵兩次出海，撰寫出《島夷志略》一書，記録了二百多個國名和地名，其中不少首次見於中國著録，涉及的地理範圍東至菲律賓群島，西至非洲。這些都反映了元朝時中西經濟文化交流的豐富内容。

明、清政府先後多次實施海禁政策，海上絲綢之路的貿易逐漸衰落。但是從明永樂三年至明宣德八年的二十八年裏，鄭和率船隊七下西洋，先後到達的國家多達三十多個，在進行經貿交流的同時，也極大地促進了中外文化的交流，這些都詳見於《西洋蕃國志》《星槎勝覽》《瀛涯勝覽》等典籍中。

關於海上絲綢之路的文獻記述，除上述官員、學者、求法或傳教高僧以及旅行者的著作外，自《漢書》之後，歷代正史大都列有《地理志》《四夷傳》《西域傳》《外國傳》《蠻夷傳》《屬國傳》等篇章，加上唐宋以來衆多的典制類文獻、地方史志文獻，集中反映了歷代王朝對於周邊部族、政權以及西方世界的認識，都是關於海上絲綢之路的原始史料性文獻。

海上絲綢之路概念的形成，經歷了一個演變的過程。十九世紀七十年代德國地理學家費迪南・馮・李希霍芬（Ferdinad Von Richthofen，一八三三～一九〇五），在其《中國：親身旅行和研究成果》第三卷中首次把輸出中國絲綢的東西陸路稱爲『絲綢之路』。有『歐洲漢學泰斗』之稱的法國漢學家沙畹（Édouard Chavannes，一八六五～一九一八），在其一九〇三年著作的《西突厥史料》中提出『絲路有海陸兩道』，蘊涵了海上絲綢之路最初提法。迄今發現最早正式提出『海上絲綢之路』一詞的是日本考古學家三杉隆敏，他在一九六七年出版《中國瓷器之旅：探索海上的絲綢之路》中首次使用『海上絲綢之路』一詞；一九七九年三杉隆敏又出版了《海上絲綢之路》一書，其立意和出發點局限在東西方之間的陶瓷貿易與交流史。

二十世紀八十年代以來，在海外交通史研究中，『海上絲綢之路』一詞逐漸成爲中外學術界廣泛接受的概念。根據姚楠等人研究，饒宗頤先生是華人中最早提出『海上絲綢之路』的人，他的《海道之絲路與昆侖舶》正式提出『海上絲路』的稱謂。選堂先生評價海上絲綢之路是外交、貿易和文化交流作用的通道。此後，大陸學者馮蔚然在一九七八年編寫的《航運史話》中，使用『海上絲綢之路』一詞，這是迄今學界查到的中國大陸最早使用『海上絲綢之路』的人，更多地限於航海活動領域的考察。一九八〇年北京大學陳炎教授提出『海上絲綢之路』研究，并於一九八一年發表《略論海上絲綢之路》一文。他對海上絲綢之路的理解超越以往，且帶有濃厚的愛國主義思想。陳炎教授之後，從事研究海上絲綢之路的學者越來越多，尤其沿海港口城市向聯合國申請海上絲綢之路非物質文化遺産活動，將海上絲綢之路研究推向新高潮。另外，國家把建設『絲綢之路經濟帶』和『二十一世紀海上絲綢之路』作爲對外發展方針，將這一學術課題提升爲國家願景的高度，使海上絲綢之路形成超越學術進入政經層面的熱潮。

與海上絲綢之路學的萬千氣象相對應，海上絲綢之路文獻的整理工作仍顯滯後，遠遠跟不上突飛猛進的研究進展。二〇一八年厦門大學、中山大學等單位聯合發起『海上絲綢之路文獻集成』專案，尚在醖釀當中。我們不揣淺陋，深入調查，廣泛搜集，將有關海上絲綢之路的原始史料文獻和研究文獻，分爲風俗物産、雜史筆記、海防海事、典章檔案等六個類别，彙編成《海上絲綢之路歷史文化叢書》，於二〇二〇年影印出版。此輯面市以來，深受各大圖書館及相關研究者好評。爲讓更多的讀者親近古籍文獻，我們遴選出前編中的菁華，彙編成《海上絲綢之路基本文獻叢書》，以單行本影印出版，以饗讀者，以期爲讀者展現出一幅幅中外經濟文化交流的精美畫卷，爲海上絲綢之路的研究提供歷史借鑒，爲『二十一世紀海上絲綢之路』倡議構想的實踐做好歷史的詮釋和注脚，從而達到『以史爲鑒』『古爲今用』的目的。

凡例

一、本編注重史料的珍稀性，從《海上絲綢之路歷史文化叢書》中遴選出菁華，擬出版百册單行本。

二、本編所選之文獻，其編纂的年代下限至一九四九年。

三、本編排序無嚴格定式，所選之文獻篇幅以二百餘頁爲宜，以便讀者閱讀使用。

四、本編所選文獻，每種前皆注明版本、著者。

五、本編文獻皆爲影印，原始文本掃描之後經過修復處理，仍存原式，少數文獻由於原始底本欠佳，略有模糊之處，不影響閱讀使用。

六、本編原始底本非一時一地之出版物，原書裝幀、開本多有不同，本書彙編之後，統一爲十六開右翻本。

目録

亞東傳道之開拓者耶德遜傳

亞東傳道之開拓者耶德遜傳

佚名 著 張文開 黎文錦 譯

民國九年美華浸信會印書局鉛印本

亞東傳道之開拓者耶德遜傳

非賣品

目次

耶德遜

正誤表

頁	行	字	誤	正
六	九	八	是字衍	
一六	九	十	如字衍	
二·	一二	遂字下脫	·與字	
三七	一	二五六	之書	若之
四六	二	十	之字衍	
四六	三	五	廊	廓
四七	三	·七	爹	底
六八	六	三十	徒	從
八十	六	二	脛	頸
八十	七	六·	脛	頸
八十		··	阜	桌
八十	三	四	阜	桌
八六	八	一七	量	諒
九二	六	·	絅	綱
一二八	·	决字下脫	一心字	
·二八	六	五	彎	彎

貳

頁	行	字	誤	正
一二九	一	二	樹	懈
一三二	九	·九	基	斝
一三七	七	郎字下脫	一行字	
一三七	七	一七	令字衍	
一三九	十	九	託	馬
一四	六	·五	牲	牡
一四二	·	六五	人其	其人
一四七		二十一	請郎	郎請
一五九	四	五	而字衍	
一六	三	·	執	熱
一六四	二	·五	勤	勒
一八六	五	二·	詢	洵
一八八	四	一五	惟字衍	
一八九	八	·九	那	物
一九·		九	市字衍	
一九·	·二·	五四	時爲	爲持

序一

耶德遜爲美浸會傳道東亞之開山祖。其行傳在歐美甚膾炙人口。本局總理湛羅弼博士。久擬據英文本迻譯。以餉華人。以公冗不果。民國初年。博士養痾日本。得東文耶德遜傳。託彼中某西牧物色一通東文之中國人譯之。先令譯一二頁由博士攜歸示余。決以余之可否。余觀該一二頁文筆未甚通順。應曰可。博士隨函告駐日某西牧。以如干金聘其人竟譯事。詎譯竣寄返。其文義多不可曉。怪之。觀其序。乃知係該應聘者另倩一留日少年學生代所致。博士大弗善其所爲。然已無如何。委余就譯稿重譯。余報務倥傯。不能專心致志於一事。而原譯又每一段。往往費大半日不能得其要領。艱窘不可言喻。以故雖重譯一二載。仍祇譯得其全書三十分之一或二十分之一而已。民國四年夏。去粵旅港。挾俱續譯。其困狀亦與在局時同。如是者五六年。而其書之未及修者。猶十之七而強也。七年秋。師雅谷先生催促來汕。余以是書未譯竟故。擬解除一切職務。回里專從事於此。尅期竣事報書局。而後及其他。未敢遽應赴汕命。會湛博士至港。約余與晤語。余以是相告。博士曰。無須。師先生如必欲子赴汕者。耶德遜傳稿

序　　試

予不能兼顧。可寄回書局交黎文錦先生接譯。余聞是如釋重負。返至寓。即檢該未修稿掛號郵交黎先生。時一九一八年中華民國七年十月某日也。既旅汕之第三年。即民國九年七月二日。接黎先生六月二十八來函。稱耶德遜傳已重譯完竣。亦已陸續付印。刻概將印就。准七月七日前出版。囑趕緊撰一序弁編首。余喜黎先生之能接負吾所不能負之重任也。又已代致吾所不能致之遠道也。聞命之下。不敢以不文辭。立將是書之幸獲由黎先生手告厥成功之緣由。具述如右。以致吾謝意。不成序文也。再是書余所重譯者。係至第五章蘭坤之生活二。即第五十八面第七行止。此下即皆是黎先生所做之工夫。合注明。一九二〇年中華民國九年七月二日。萍寄廬主人張文開識於汕頭之萍寄廬

序二

聞之。傳、傳也。以傳示後人也。又紀載事迹以傳於後世曰傳。古人以立德立功立言爲三不朽。然無傳以傳之。則道德之美懿。功勳之彪炳。言論之精粹。以無字碑。作先賢錄。久者千百年。速者百十年。非歸漫漶。亦或失眞相。美利堅宣教師亞多乃蘭耶德遜先生。爲手創美利堅外國傳道會社之第一人。道德功勳言論。聞者皆嚮薇以頌。先生之傳。久有英文名著。遍行歐美各國。先生之樹立。永垂不朽矣。但先生非歐美之私有物。先生爲表彰主道於緬甸之鼻祖。先生實爲提倡輸進基督教於環球萬國之元勳。歐美以外。其得以廁身天國。脫離苦海者。食先生之賜。較歐美人爲尤渥。先生之傳。雖風行歐美。然以英文傳。吾國人之謳頌先生稱道先生者。無從取英文本而實徵之。徒以耳聞。轉爲口述。仍與無字碑同。果能永萬古而垂無窮乎。羅弼湛博士。得東文譯本。聘人譯爲華文。復以重譯託之萍寄廬主人文開張先生。先生以主任眞光雜誌筆政。兼以月出佈道要籍。任重事繁。未獲刻期蕆事。一九一八年。復有汕頭之行。乃不以鄙人爲譾陋。續貂之責。舉而付之。鄙人披讀原譯。多有未甚了解者。因而擱置年餘。繼思吾

序　肆

今日之得聞主道。探源星宿。實惟先生是賴。今獲讀先生傳吾國人之所欣喜不置者。與緬國人及凡得先生創設外國傳道會社而因以得親主光之國之人。應有同情也。爰取原譯。檢閱而重譯之。其艱深奧邃者。畧爲斟酌。以求顯露。至於先生闡道之語。及書札詩歌。暨各人表揚先生之言。則雖不能悉照原譯。而要不敢悉變其原文。蓋以先生之道德功勳言論。於是乎見。不得不稍留廬山眞面也。惟是書譯本由英文而東文而中文。復由中文譯稿而重譯。展轉流行。數經手續。況英文原本非鄙人所能讀。亦未承深於英文者。詳細讀出。則所重譯者。於英文原本爲符節之合否。尙非所知。且成書期迫。每一篇脫稿。卽行付印。參訂覆勘之功。亦未暇及。疵累知所不免。先生有言。於印刷進行之中。修正者復從而修正之。匡正惠教。是有望於明達焉。主歷一千九百二十年七月五號黎文錦識

亞東傳道之開拓者

耶德遜先生傳

第一章　少年時代

美國波士頓之野、有小都會焉、厥名曰馬爾丁。人若遊訪至此、見滅泰士 Baptist（浸禮會之譯音後仿此）教會堂中、勒有一文石碑誌曰。

是爲宣教師亞多乃蘭耶德遜先生之記念也。先生生於千七百八十八年八月九日。卒於千八百五十年四月十二日。馬爾丁者先生之誕生地也。大洋是先生之墳墓。向善之緬甸人、以及緬甸語之聖書、是先生之記念碑。嗚呼先生之記錄、洵在天之生命册無疑哉。

先生誕生於森林重圍中一木造屋、址今尚存。先生父、同名亞多乃蘭、爲組合教會卽綱紀愼會又曰公理會牧師。一千七百八十六年十一月、乃娶亞比格爾布饒氏爲妻。布饒羅多愛蘭人。既歸先生父卽偕回卜居馬薩久色玆州之馬爾丁。而長子亞多乃蘭（名）耶德遜（姓）先生卽生於是。

耶德遜

第一章　少年時代

先生性聰穎、三歲能識字。一日父外出、母試以聖書敎之、一二過卽成誦。父歸、大詫異。自是先生遂見重於家庭。

先生父一拘謹嚴正人也、居恒寡言笑、貌常懍懍不可犯、先生甚畏之。後先生於社交上規行矩步、動必以禮、爲同輩所敬憚、及凡贈親友書、恒不失其尊嚴態度者、當是受父之感化而然。

又先生父恒急欲先生早成偉人、自少卽以諸善因種入其心。先生亦善成父志、自少卽能以普通少年人所共有之一切弊端、悉舉而釘之十字架上、不使爲一己鑄造偉人之進行礙。阿賴爾曰、不知己所行之止處者、乃可登之於最高、先生有焉。

當先生五歲時、妹亞比格爾布饒耶德遜生。亞比格爾爲先生少年時代之伴侶、亦生平無二之良友。亞比格爾嘗語人云、先生於少時、常好爲教會遊戲、且常自爲牧師、讚美歌中如「去矣哉宣傳吾主之福音兮」之句、是其所最愛吟者也。一千七百九十三年一月、先生父挈先生等移居溫汗村、去波司頓約廿哩許。於次年五月二十八日、生先生弟葉爾勒藏。葉爾勒藏後爲海軍軍醫。旣而又生一女、曰滅利。不幸僅六月而夭。

耶德遜

時先生年八歲。其住是村、係迄至十二歲止。

當七歲時、聞地爲圓體自轉成晝夜繞日成四季之說、心大奇異。謂明明見每日都是日東出西沒、今乃云地轉地繞日、毋巳謂日是居中不動者矣。於是心滋疑。欲質之雙親、父嫌其速得決定、轉有害於一己快愉之思索。乃遁而之野、仰臥於草地之上、以帽障面、洞其頂以窺測日體、驗其是否不動。此雖非考求日不動理之法、然以六七齡稚子、而知究心於此、亦大非常兒比矣。

先生自少善解謎、在他人所百思而不得其解者、先生則一見立曉。嘗於某報上見其高揭一謎、曰、能解者請答。先生立作函答之。甚秘密。妹之外、無知者。詎郵局長識先生、輕先生幼、徑以函還先生父。父得函、立呼先生至。先生初不知其何事見召也、既至、見餐檯上有己函、乃大驚。

父問曰、此函果爲爾所寄者乎。對曰、然。問何故寄此函。先生默然無以答。久之、乃顫聲言曰、父拆視之、當能知其故也。父曰、我不應擅拆爾之函、爾自拆讀與我聽、可也。先生乃自拆讀、讀竟、仍交還父手。父接閱訖、即檢取函中所指之報紙比勘、隨復叠置於桌

第一章　少年時代

上、以手加膝凝視暖爐之火而靜坐焉。先生是時心忐忑不定。謂父將叱責我乎、抑獎許我乎。旁立揣測、起伏萬端。既而父竟顧左右而言他、不復問函中顚末。先生甚異之。次日至父所、父曰、我已爲爾購得一極易之謎書。如此書之謎、悉能了解、當更買一難解者與爾。隨又以手撫先生頭而謂之曰、爾頗有慧心、當努力前程、余有厚望焉。先生獲此等美愛出自父口手、心滿溢喜樂、展視父所賜書、則算術課本也。由是先生遂一意研求數學、爲入校之準備。

未十歲、先生之學問、已以數學見長、名聞遐邇。時某處有一紳士、郵寄一難題試先生、謂能答卽賞銀二元。先生念酬金可勿論、有較此尤重者、我之名譽也。乃閉居一室、力求解決、如是者已二日、忽承命撫慰病弟、不得已舍之而出。蓋先生習性、於雙親命令、已認爲絕對的不可不服從、故不敢以己有要事、稍有所違拂。後乘機造玩具店、靜登其土囊、卽其物而深思之、且爲之建築於上、卽悟徹其理、附髀喜躍曰、得之矣。蓋其題、係關於建築學者也。至是、遂馳返己室、紀其結果、送與該紳士、而領其賞金以歸。

先生長希臘語、在小學校同志咸目之爲好學焉。既又以其冠特異儕輩、加贈以「堀出老巴濟爾」綽號。先生好讀書、不常與羣少年嬉遊。父書室所藏之神學書、或自鄰人借得利卡多宋非爾丁古之小說、賢汎宋之戲曲等均樂取而讀之。父本不甚喜先生閱小說戲曲、然以其有裨於想像、且可養成其獨立之習慣、故先生於閑暇之時讀此等書籍、父亦不之禁。

未達十二歲、有一日、來客滿座、與父談默示錄講義、甚有興味、心竊好之。蓋先生嘗從父藏書室得讀默示錄、而不得良好注解、無從領悟。自獲聞此日之談話、歷時不久、探知近鄰某鉅紳藏有此注解書、徑往其圖書室借觀、詎知某鉅紳竟拒而不借、先生大不悅。以告父、父亦惡其不借、憤然曰、爾勿再借其書、渠實不能解爾所知者之一半、吾將舉爾所能讀之書、往購於波士頓、勿傷。然雖已如此許諾、後卒以他故未克往購此注解。

一千八百年、遷布林托利、二年、又遷普利馬司、至一千八百四年、先生年十六歲、乃入普羅匪丁司加列已就學、此校後稱布饒大學。

先生在學中勤學不倦、十九歲卒業、積分爲全校冠、先生喜不自勝、致父書曰、親愛之

第一章　少年時代

父親大人膝下、兒已獲勝矣、大人之愛子某謹稟。

先生在學中、其注意如何深切、生活如何刻苦、觀一千八百五年四月三十日、布饒大學長致先生父一函、可見。函曰、耶君性格大放異彩、行爲亦絕對方正、君對於彼之期望、將來可決其滿足無疑。第鄙人心所祈禱者、欲其於斯時、早皈依富於恩惠之上帝、爲其靈界家族之一人。且得光中諸聖所遺之光、爲尤重要耳。

一千八百七年秋、先生開一私塾於曾利馬司、掌教纔一年、已刊行數學文典等教科書數種。

先生當十四歲之年、嘗患大疾、身弱異常、學業一途、遂不得不暫行中止、而從事俗務。然先生之英氣、固是未嘗因是少餒也。且常將未來問題、紛集胸次、或時欲爲政客、或時欲爲詩人、或時欲爲演說大家、何去何從、遽難決定。既而自問曰、假使我他日能達我所欲登之最高之點、又究如何而後可維持我榮譽於永久。我所愛之古人、既已過去、何世人仍讚羨不置。脫百年之後、此美利堅無一人能勝於我、則人之對於我、其感情究當何如。昔亞歷山大王、當野心勃發時、輒痛哭流涕、果胡爲者。言念及此、卽不禁悲從中來、仰天長嘆。此皆其胸中未來念過熱之結果、故恒不自安焉。一、日先生忽思及宗教事業、意謂他項事業、其宏偉固有善於宗教事業者、然爲卓越之宗教家、亦常常較他項事業優、其結果之宏偉、且萬非爲他項事業所能及、此固已靜觀有得、歷驗不爽者矣。恒言有德之人之聲譽、乃永遠保有之聲譽、卓越之宗教家、其有德寧待贅論。然則宗教家之聲譽、雖或當其生不甚著聞、而一至渡入於他界、其聲譽即當發絕巨之響、而無力能滅之。此乃真聲譽也。正想念及此、俄然又若有一非我曹非我曹榮光乃在上帝之言、震盪於先生之耳中、先生心滋惑。其如是、固非以己爲此種偉人之代表者、而有所感也。蓋先生是時、實未有欲爲宗教的偉人之心、因此種問題、非率爾所能解決、故未敢遽及乎此。特其對於宗教之感情、已緣此深入腦海、而末由自知其所以然。蓋亦異矣。又先生自此、無論語何事、皆若趨重於宗教之一途。其大願心、於宗教計畫、自以爲滿足者、似全立於反對地位之思想、即常恐不欲爲基督教徒之意志、發見之於己身。蓋其於現世事業、早悟其是暫時虛榮、不足以榮其寤、寐惟宗教乃是永久之事業、加以屢憶父謂己異日必爲偉人之語、愈覺非厠身宗教、不能達到此遠大之目的。

無何此思想忽遭一大打擊、緣先生於布饒大學之時、適無神論來自法蘭西、悖言所及、如潮蕩岸、而宗教上之自由研究、僅若青年教育之一部而已。年少氣銳如先生、被其吸移勢所不免。當是時、先生之上級生伊某、亦少年有爲之士、性情溫和、富有才氣、論人物、論品位、均可謂能予人以一種快感之青年。顧深信自然神教、屹然不動、先生與其人意氣相投、堅相交契、遂全棄其信仰、而放懷他途。或欲爲法律家、以滿足政治之野心、或欲投身文藝界、以發揮其戲曲上之才能、已毫無宗教思想於心矣。

洎普利馬司之私塾休閑、先生隨登赴北方諸州觀光之途。初乘馬陸行、既抵孔勒克乜加托州血匪喇多、乃解馬留畜於住是之伯父家、而改乘最新發明之羅巴托夫爾通式之蒸氣船、航哈朶宋河赴紐約。是船之開赴紐約、此爲第二次。

先生姓耶德遜、人每誤爲汀宋、而先生亦利用此誤、以與不識己之人相酧酢。時先生在紐約、係厠身優界、初先生因委棄信仰、恒受父嚴訓、至是而爲之父者益悲痛無極。而先生之母、且日日拊膺祈禱、涕泣告帝。先生固自知能以議論勝父、獨無術以止母之淚、故聞此亦不能無所動於心。顧先生恒自以爲、立於此卑賤生活之岸、在他人雖極危險、在己則毫無危險之足云、是挾自重之精神、入世觀察、如白在涅、如堅在磨、安有緇磷之可慮耶。

後先生自思於紐約景物、已觀之幾盡、於是又欲得留畜於伯父所馬、乘遊他埠、遂徑返伯父所。既返至血匪爾多伯父所、値伯父已遠出、管家者爲一敬虔青年、先生入與語、不啻對嚴師請業、心戰戰不能自已。既取得所留畜馬、遂乘登西部諸州觀光之途焉。

一日夕、投宿一旅館、館主人秉燭導至一臥室、道歉曰、隣房一青年病將死、敝館他臥室、又已爲先至客住滿、屈君於此、實無可奈何也。先生曰、人而至於病、病而至於將死、又屬之少年人、是最可憫之一事也、吾方哀之之不暇、何忍以住近其臥室爲嫌。言畢、主人謝而退。

是夜果緣隣室看護人出入聚散聲、病人彌留之際呻吟斷續聲、呼喚聲、驚愕聲、紛然到耳而不絕、徹夜不成寐。顧先生之所以不寐者、一方面固在不堪隣房各種聲之擾、

耶德遜

第一章　少年時代　十

一方面尤在於念少年之瀕死、而發生種種自擾之感想。意若曰、斯人也、其今夕自對於瀕死之心情何如、曾爲死之準備與否。心有無恐懼、是否已抱定靈魂不滅身死有榮光希望之宗旨、而爲眞具有信仰之基督教徒。抑尙爲樹此等教義者之門外漢、反對黨、對死頓倀倀若無所之。其父母仍否存在、又是否已宗仰基督、知其子今夕將客死於異地否。知之矣、其感想又復何如、是否必徹夜爲拊膺祈禱。往復思想、心腦交疲。欲強制使安入睡鄉、卒不可得。洎東方既白、曉日光照耀臥室、夜來之惡心緒、乃漸漸消滅、而隣室亦頓已寂無聲息矣。立往叩館主人其故、主人曰、已逝矣、醫者謂昨夜不能過、信然矣。先生心大駭、問死者姓氏、主人曰、姓伊氏、曾羅匪丁司加列已卒業生、而青年界一有爲之士也。先生益大痛。蓋所謂曾羅匪丁司加列已學校、卽先生曾卒業於彼之布饒大學也。所謂姓伊氏、卽上文所稱先生與意氣相投堅相交契之一人也。如是而先生之感痛、烏能自已乎。及旣一盡其哭臨之誼、欲卽整行裝、揚鞭首途、而餘痛未衰、仍呆坐不知所措。後轉念人生斯世、直無異作客他鄉、久暫應必有歸期、胡可以寶貴光陰、消耗於無謂之遊覽、而不亟取吾終身歸宿之塗徑與地點、一研究之也。

於是先生又決棄其旅行之計畫而返普就其設私塾之普利馬司之途焉。

一千八百零八年九月二十二日、先生返至普利馬司、十月、遂投入安朶發神學校二年級肄業。先生非宗教教師及傳道者之候補人、蓋以特典許其入學者也。十二月二日、先生遂獻其身於上帝。一千八百零九年五月廿八日、遂爲普利馬司之第三組合教會會員。而先生之回心向道、即已示其樂負傳道責任矣。

一千八百十年二月三十日、先生致一函與米司亞列哈司爾欠、中有云、予悟矣、凡人所以未得宗教之味者、良由其未之或味耳。故吾人苟非因生於恩惠之中、決志爲聖善之人、即使能詳明解釋其所誦習之聖經、適足爲所用以飾非而怙惡。予今者既喜得味宗教之眞味、已決定自明日始、遇凡屬上帝所不喜之事、必深惡痛絕而弗爲。凡有所爲、必反覆思維、此事果足邀上帝之喜悅與否、乃始定奪。顧信賴上帝之大能、須先從良心上之決斷、心稍不堅定、但隨聲附和、直教會之贅疣而已。予所深恥也。

次日復致一函、其畧曰、吾人若誠肯與上帝接近、則上帝之賜惠、可操劵俟。藉非然者、日閉戶愁嘆、而不知用活潑而敬虔之心以對越上帝、適足貽聖靈之憂、而失其助力焉。夫清潔之生活、實吾人所必宜共得、而得之之道、則在於勿忤上帝旨、勿使聖靈憂、幷大開受惠之心門、日日如斯、在在如斯、無怠無荒之一法而已。上帝旣喜以其保惠師聖靈、範圍左右乎服從其敎訓之人、則凡肯親上帝、求上帝、期無辱乎上帝者、心雖愚、亦必有聖靈使之明、身雖柔、亦必有聖靈使之强、上帝至誠、其靈又無乎不知無乎不在、能實用吾誠以相感、固無時無地、不可得上帝之降鑒也。經謂神乃靈、拜之者宜以誠以靈、不信然耶。顧吾人又往往有已知皈道之重要、而惑溺於人世目前之逸樂、留所重以有待者。不知今日已去、卽不復有今日、今年已去、卽不復有今年。如亦並重乎斯世之生涯、求其能存至於永遠、斯生涯而良也、猶無甚緊要也。斯生涯而不良也、則保守一日、卽無異增益一層之罪印、而刮之不去。在失去求道之寶貴光陰一方面言、則虛度一日、又無異減削一分之生命、而買之不回。可不懼歟。竊嘗謂吾人所經過之時日、實不啻吾人行爲之證人、是是非非、不誣不飾、見稱見擬、只展此無形之日記簿一核、而無虞其有失出失入之差。噫、吾人過去之光陰、已直駛不可返矣。所尙堪自慰者、有未來之時日、可圖補救。吾人宜每日晨起、定志求其日可存至永久而無愧、夜則更計其日之所爲再否有不可消滅之罪痕、有改無加勉、務不枉費切求聖靈之助。如、是吾或者其可以庶幾也乎。

第二章　投身傳道界

先生之發生眞誠欲爲外國傳道者之志願、乃於一千八百零九年九月年丁二十一歲之時也。時先生在安朶發神學校肄業、剛終一年。緣獲讀「東方之星」一書、大受感動、故生此志願。東方之星者、任東印度布道會牧師若饒加司巴呷南先生所著傳道於東方之播道指南也。其書於東方之得教既表證其獲助於天來之鉅力、且極力抒寫德國宣教師朽瓦爾茲在印度傳福音之活動之精神、讀之實足令有心救世人、悠然神往。先生之被感而心熱、良有以也。後先生常舉此以語人曰、巴呷南先生之書、謂其已絕對確當、余誠不敢。然余之立志赴外國佈道、則誠得是書之力。彼時嘗數日心神恍惚、不能注意予所受之學課。只冥想宣教師應如何爲人傳道外國、應歷何等之艱難困苦、又常常因是之故、移步講堂側、呆立却顧、以消送我寶貴之時光、思之亦殊堪自笑。顧余當日之所以得呈此狀態、實余一生一大轉捩處、不可忘也。蓋凡人之所以不肖傳道外國者、無非爲繫戀家庭及職業及祖國之念所縛束。東方之星、能使我將此等繫戀、一刀斬斷、拋棄不顧、其感動力爲何如哉。今者此狀態既已過去、予胸中所剩之熱誠、惟求能實得所以盡此義務之道而已矣。予因常因此問題、竭誠祈禱、亦或不能免有偶動厭棄之念之時、然予每獨步校後森林之中、思及我主基督最後命門徒「爾曹往普天下傳福音於萬民」語、心輒變游移爲堅定、任在外有如何之艱難險阻、都奮勇上前、誓不作執犁顧後之態也。

一千八百十年二月、巴呷南所著之東方之星、讀之既竟。又六月、先生傳道外國之志願、亦既已斷然決定不能動搖。（上段係先生志決後語人語）於是時先生遂覓得同志青年數人、與相結契。目的堅立、東方之星外、多借助於此數青年焉。夫人於志所欲爲事、苟心有所繫而不能一、實無異泛小舟漂大海、危險至不堪言狀。先生蓋既已純粹爲道、內外如一、不復有些子他念攙雜、可一望而知其爲作光異域之忠僕矣。如是者、皆先生善讀書善交友之效驗、不可及也。查先生之最初與訂交者、爲薩繆爾喏托、Samuel Nott 喏托於一千八百十年入神學校、當時志願、已欲從事於外國傳道、於時同卒業於威靈可列已學校者、有四青年、皆相率來安朶。發其姓氏、一、薩繆爾嗟

第二章　投身傳道界　十六

米而司 Samuel J. Mills 、一嗟母司利卡玆 James Richards 、一路雜爾賴司 Luther Rice 一、戈登赫爾 Gordon Hall 四人於威靈司列已肄業、已組織一傳道團、夜夜于校旁草塚下演習。其獲與先生同志、犧身爲外國佈道使、蓋已非一朝一夕之故矣。今威靈司通地、卽其當日演習傳道之草塚、立有一豐碑、爲四人之紀念。見者咸欽之。誠哉巴若僻亞連山中一片青草塲、堪名爲美利堅外國佈道會誕生之地點矣。

夫異其地以奮獨力之研究、因而思想家多同時發表其偉大科學上之各種發明者、推此時爲最。各思想尤以傳道外國之思想爲異常發達。遠方各色青年之胸次、受此項風氣之薰染、有如播種於新墾土、深藏其生發力於地中、久而始見焉。當先生之與彼五人者友也、蓋已如如及時蒔種、由萌芽而發生多苗、爲移植他田之預備矣。

然而先生於是時傳道外國之志雖已决、而阻使不得往之種種障碍、仍甚費破除。蓋先生已先受布饒大學助教之任命、後又受波司頓最大教會之聘請爲傳道之助人、而先生之母夫人亦甚願先生於近家地點作工、頻頻勸阻先生之處此、誠甚難爲情。後先生深信己傳道外國、係上帝旨意、比母命益不可違逆、毅然曰、兒固不肯在布饒助教、亦不可往波司頓受職、兒必將奉上帝命、播道於遠東各古國焉。母及妹聞此、咸不覺淚如泉湧、其父因頓失大望、亦大傷於心、然無如之何矣。

夫教化異教之徒、而以己第二流以下之劣才當之、謂已可勝任而愉快者、此絕謬之論也。茲無論彼異教者之心靈腦想、或不遜己也、即使皆屬最劣等、亦必須用最優美之人材、負化導任、方能有濟。觀上帝救世、不以他人、而以其最聖善之篤生子耶穌基督、其故可想。所以然者、以無知墮落之靈魂、非有最良之思想、不能覺而拯之也。先生於此、埋思之稔矣、故決然願犧牲此身、爲死地陰翳光、且復了然於前途之夷險何若、己已拚備嘗其艱苦、未審助己者之亦能同受而不怨否也。時先生蓋已聘定哈爾司欠女爲室、未娶、至是乃寓書哈爾司欠曰、某準明年春爲基督道遠適異國、子肯許令愛隨我而去乎。傳道異域、困難痛苦所不免、令愛肯順而受之乎。附一葉舟、飄數萬里大洋、風濤之險惡、熱帶之瘴癘、及厄窮、迫害、恥辱、橫死、種種不可測之禍患、皆相追而來、子亦許令愛與並受否乎。子與令愛、亦曾一爲彼垂死之衆、及教會、及上帝之榮光、及釘身於十字架之救主設想、而贊成某之所請乎。哈爾司欠得書、亦深信此是

耶德遜

第二章　投身傳道界

上帝旨、不敢有異議、只待時而已。

顧尤有難者、美利堅是時之外國傳道會社、已無復存在。欲達此偉大目的、非賴有一大團體集款資助、則亦是徒存虛願、無力成行。而先生之氣、不因是少餒也。調查得倫敦傳道會社正策畫進行、乃決計改為倫敦會外國傳教士。一千八百十年四月、遂與其會中波古博士磋議辦法、旋訴之於學校教師及牧師、既復訴之於馬薩求色茲州組合教會之全體代表團、於是遂有美利堅外國傳道委辦會之設立。設立之頃、衆咸知事屬創始、魄力必未易充足、獲與英倫敦傳道會社互相提挈、誠一絕好之天助機會、乃立從先生請、派先生赴倫敦。

聞先生此行、於水程中、嘗遇法蘭西海賊船、被捕置其獄中、後遇一賊夥、係與己同國者、央其解救、乃獲出其險、亦云幸矣。洎既在倫敦會社蕆所事、隨就近赴巴黎一遊歷。至巴黎後、先生因欲增富一己之新經驗、特遍入種種塲所考察、不懼浼。最後詣舞蹈會、所見多不堪入目、退後逢人必痛數法蘭西不信之罪、至斥之為世界之活地獄焉。

遊畢歸、美利堅外國傳道委辦會於一千八百十一年九月十八日、再會集於馬薩求

耶德遜

色茲遂決計派先生爲外國傳道之傳教士。千八百十二年二月五日、先生乃於布拉多風德與安哈爾司欠完婚。安哈爾司欠者、哈爾司欠女名安者也。翌日遂於薩列蒙受堅信(卽按手)禮。二月十九日、卽偕夫人安乘加拉放帆船、浮海度印度之加拉吉打、其時至今恰一百年。

第三章　詣緬甸

先生既離美、足在江洋浩瀚中顛簸四閱月、始獲見陸影。蓋是時由美赴印度、既尙是乘坐帆船、而由地中海過紅海可直達印度洋之蘇爾士河、又尙未開鑿、須由北大西洋飄至南大西洋、繞道南斐洲盡處、再折而北上、方能達印度。此所謂陸影、卽南斐洲地也。

先生因此行在舟中爲日甚長、常取各種重要問題、置腦思想。又適其時、印度已先有英國浸泰士 Baptist 卽浸禮宗教會、在彼傳教、先生稔知浸禮宗於收人入教之頃、所施之浸泰純 Baptism 禮、與已有煩簡之別。（煩謂納全身於水、簡謂但以水灑額）今已在彼新增一教會、彼印人已習慣於煩浸泰純禮、突見已行簡浸泰純禮、能無詫異乎。既詫異、必不免於質問、我在彼倘遇此質問當若何。是不可不預備有適當之答詞也。

不但此、而於彼先在之浸禮宗宣教師、亦難免不時有因關於此禮之論辨、亦不可不乘未至時豫爲之備、又念彼浸禮宗所最反對者、無過於爲幼兒滅泰純、我能於此一要點、得合經之充分理由、必能收最後之勝利焉。於是日蟄居船室中、將此事精思博考、一切有關於此事之經解、及各種可借資參考之他項雜著、爲己所帶備行篋者、靡不翻檢殆遍。乃卒不能於己欲取勝一方面、得圓滿結果、轉益覺己見解之謬誤、而承認浸禮宗所行之彌合經訓焉。且査得此浸禮宗之所信、尤有一種不可犯之特色、卽其人必已知有罪、能悔能信、而後施以滅泰純禮。否則不輕以加人。而所謂爲幼兒滅泰純之說、不俟與論辨、而已無可持之理由矣。夫先生對於此問題、雖已得完滿解決、甘願將血統少年時代之一切傳說聯想、概行毀棄、以赴己目的、然每一念己故國同志、及努力爲己組織美利堅外國傳道委辦會之各大董事、則又覺有甚難行己之志者。何也、己之此行、實奉此委辦會之派而來也。奉其派而來、而乃作非其會之工、其尚允繼續助我乎、知必不允也。不允、而美利堅之滅泰士會、卽浸禮會、有能力足以接負此責任、猶之可也、萬一不能、爲之奈何。既而復思曰、此等教義、畢竟有如何重大之關係乎。予個人能否密抱此教義以行乎。

第三章　詣緬甸

抑行此教義、必難保不與吾前此所最愛之宗教團體、斷絕關繫乎。果個人之信仰必須先於受滅泰純而生、何爲而可施滅泰純禮於未有知識之孩子乎。聖經豈曾有明文、謂人當孩稺時、卽須受滅泰純禮乎。若曰是但爲入門之表象也、則此表象是否須根本於聖經。如曰然也、依聖經人必須先有信而後可施於滅泰純也、且施行滅泰純、又必須納受者全身於水、隨由水而上也、則吾實可謂未經受滅泰純者矣。際此時、先生恒心口相商、莫肯恕遣、然已實知夫主命以對滅泰純、須絕對盡服從義務、乃不計前路如何危險、悉交託於主、而以主爲一己生活之基礎焉。且亦不稍露恐慌態度、一惟主之恩是賴、其鎭靜爲何如哉。

時有博爾多文者、波司頓滅泰士卽浸禮宗有力之牧師也。先生卽以近所得於滅泰純之見解、報告於博氏、并致書於派己來之美利堅外國傳道委辦會、告絕其關係。且叨告博氏己已願爲滅泰士卽浸禮宗之牧師。是年之九月六日、先生遂其夫人安哈爾司欠受納全身於水隨由水而上之滅泰純禮於加拉吉打。同事賴士從他船來者、味乎與先生同一之經驗、亦隨於同年之十一月一日、同受先生之所受者焉。據格列博士云、賴士於同時宣教師中、爲最頑固之幼兒洗禮論者、今亦爾、則其故可思矣。

當是時、印度正受英政府東印度會社（會社卽公司）之支配、甚不喜白人在彼地宣傳教理。對於美利堅人之情誼、尤爲疎淡。故於美利堅教士之至、心愈不美。意謂彼默然屈從我壓制之印度人、正以彼無我西方宗教之知識耳、今乃自我而輸進此知識於彼、能保彼肯永受我羈勒而不叛乎。與其悔生於尋斧柯之日、毋寧拔之於其雙葉始萌時之爲愈耳。

先生至是、遂不得不屈奉英官之逐客令、挈眷他之。初、英官本飭令遄歸美國、先生不欲、請許徙居於海中之茅利卡司島、不可。逾二月、有回英之東印度會社船開行、强先生附以歸。時恰有一船名哭利窩爾者、將開往茅利卡司島、先生欲舍彼而附此、爲英官所制、不可得航海券、苦之。潛往叩哭利窩爾船長、可否破例許其此一次無券而乘、船長哀其遇、曰可。既登船、立挂帆開駛、豈甫下杇古利河、卽爲政府船追及、强止其進行、勒先生務搭其會社船西返、先生不得已、捨舟登陸、匿處於一小客寓、以避其鋒。越日、忽接獲一函、啟視、係一航海劵、可搭哭利窩爾船往茅利卡司島者、其究出何人所賜、函中並未署寄者姓氏、無從得知。時哭利窩爾船已浮航海中、不可搭、乃與夫人徒步行澤畔追之。念距已避匿處下游七十哩有市埠名騷港、船或能在彼停泊、追及尚可附載也。惟不知彼船是否須在彼停泊、抑雖在彼停泊、吾夫婦追至彼、不知其尚在彼與否。幸該船在上游開駛、正遇初生潮自下流湧上、風又逆且猛、足推移一日有半、乃安抵騷港。先生兩夫婦亦恰至。先生日記曰、吾生平喜樂、無有如徒步至騷港、望見己所欲附船哭利窩爾之恰泊岸之甚者。於是以一千八百十三年一月十七日、在彼附哭利窩爾、終六日、抵茅利卡司島之路易港。

茅利卡司島、即法蘭西島、位於馬打珈司爾東四百八十哩、長三十六哩、寬三十二哩、印度洋中一小島也。前本為法國屬地、故曰法蘭西島。至是已與印度連帶入英吉利勢力範圍內矣。當先生之奉令出境也、同重受滧泰純之後至同事賴士固亦在被驅之列、而不與同避、來是島者、以欲返祖國遊說滧泰士教會即浸禮會、使籌款助先生在外傳道、經於東印度會社船開行之日、附之而西也。先生雖避居是島、而志在播揚主道成就已所希望之偉大事業後因既羈彼兩閱月、見其島非已用武地、復決計他徙。一千八百十三年五月七日、遂乘赴馬多拉司船往馬多拉司、行一月、抵埗。先生之初志、以爲此行將卜居於馬來海峽之普又羅鄙南或普林司窩夫粵爾司島也。詎馬多拉司無直往普又羅鄙南之船、惟有往緬甸、蘭坤船在彼開駛耳。先生稔緬政府素以殘暴著、待外人尤無禮心是時不知往蘭坤是抑返美利堅、是懸旌搖搖、莫定適從。既而毅然曰、我固已矢飲主杯者矣。於是遂於其年之六月二十二日、偕夫人乘一半朽帆船名爵爾賈那者、犯疾風暴雨向蘭坤而駛。在途中幾覆者屢、而夫人復身抱重恙、內憂外患、交迫而來、欲安然達彼有色人種（日本人稱緬甸種族之詞）居住之海岸、似未免戛戛乎其難。然卒獲於次月十三日、安抵蘭坤、夫人亦喜占勿藥、未始非上主特別眷佑也。

第三章　詣緬甸

舟泊緬海岸之夜。先生就耳目之所及、無一不感生其無限之悲觀。曰、天下竟有此草昧之區、無毫末歐洲文化、殊爲吾意料所不及。予是夜登陸遊蘭坤街市、欲賃一屋爲宣教地、所見各街市、雖所謂黑暗地獄、亦不過如斯。初至心甚憂、轉念此殆上帝欲我以其大光照此陰翳也、乃頓轉憂而爲喜。

當先生夫婦及賴士三傳教士於加拉吉打受納全身於水之浸禮即浸禮之消息之傳至美利堅也、全美國浸泰士派即浸會信徒之驚喜之感動殆不可以言喻。咸以爲上帝已於此不意之時增置三有力之人於其會之中、我輩不可不有以順帝命、設法以助彼在外者之活動。於是馬薩求色玆州浸會諸有力牧師立集議波司頓博爾多文博士宅、謀組織一浸會外國傳道會社於美國之內焉。

洎賴士返至美、以其如劍如鏡之犀利而透亮之言論演述先生至印度之種種經驗、聞者益受感無似。至是而美之中央及南部諸州亦陸續有外國傳道會社出現。此諸會社、因謀共保其一致之行動、故一千八百十四年五月十八日、遂集全美國浸會代表於非拉爹非亞之第一浸會大禮拜堂之中、組織成一北美洲合衆國浸會外國傳道之總機關、即所謂傳道部焉。厥後至一千八百四十五年、南部諸浸會復分離而組織南美浸會傳道機關、北部諸浸會亦仿其法、組織北美浸會傳道機關、美浸會於是有南北兩傳道部。此後事也。

而先生當日之去紐合派而歸潑泰士郎浸會、其必惹起不同意者之攻擊、不俟論矣。而影響所及、竟能使積弱不振之浸會、因是以發奮爲雄、矣增設數外國傳道會社、神旨誠不可測哉。

蓋嘗論美利堅浸會之獲大放其異彩於斯世、實先生等三人之力。假使當日者、先生等無在印度加拉吉打受浸事發現、美浸會或至今猶在沈睡中、未可知也。然則美浸會之有今日、其特別注重乎紀念先生之受浸入緬、不亦宜乎。

第四章　蘭坤之生活一

先生至蘭坤、與同時過此者、有一英國之旅客焉。客日記載云、蘭坤人口、約八千、或一萬、一絕對汚穢之都會也。舖戶房屋、咸以竹或栗樹之厚板爲之、無堅實街道、無洩水溝渠、雨至便化街爲溪、雨退卽泥滋彌望、臭氣觸鼻、穢物塞途、遊行其中、如墮地獄。然而此市係立於緬王寵臣一總督之治下、且有極廣大之衙署在其內焉。

先生在此等汚穢地、既住居六閱月、旋懼遭橫行國內之盜難、乃移避於較安穩之市域之內。市之人固概屬黑暗愚夫婦、然與處亦頗相親愛、且不至有害於健康、甚足謝上帝之眷佑也。至傳道事業、先生既學就緬語、便極力宣播。惟斯時緬地尙未有一人知先生來意之何屬、未有一人肯卽先生之所言而留心討論。政界中人、益不足與言。彼輩所爲。只知向下民施行其壓制與暴力、生殺予奪、悉唯總督一人之愛憎是視、至無人道。先生夫婦嘗一次面會其總督與其夫人、蓋欲於遇有急難時、可恃之以爲援也。是時賴士與相別已久、迄不能得其消息、先生甚憂之。

一千八百十四年四月二十三日、先生致本國某宣教師函有云、緬地之呈其最可憐之狀態、誠有如吾曹之預料者。今余係於少年時代傳道於此地、其得以久延吾生命、成就吾事業、惟上帝之呵護是賴。我已矢終身於此、即不無偶蹈於缺乏之處、然我已習慣於耐苦、自不覺其艱難。蓋目前之所受、取而與將顯之榮比較、不足介意也。我旅此並無所謂社交、亦絕無同宗基督之親友相問訊、除遇有洋船泊岸、偶得其船長念同國或同晉之誼、來一枉顧外、便不見有白人踪影。每每於無聊之際、感念及本國種種快樂、常不免作歸歟之歎。一轉念緬甸人之水深火熱、需救之切、而鄉思又爲之頓捐。試舉其概、余所居留地、耳目所及、常常有病臥呻吟、無計問醫者。有終日奔走、持碗乞食者。有爲極苦之勞動、得極微之工資、而又被貪狠政府强攫以去者。有當酷燥如火之烈日、冷沁如冰之疾雨、無室廬居處、僅於大樹下、植四竹爲柱、張敗布其上、及四圍、以蔽其身者。種種現象、皆余在故國時所未能夢見。以余夫婦現所受之苦況、與之比較、能不轉覺爲快樂、爲奢華也乎。故余每一思及此、輒願捐此身爲緬人身靈謀幸福、而不復忍萌故國之思矣云云。

夫以年纔廿五之少年夫婦、置身於此等絕對迷信偶像之黑暗國土、而欲望己所挾持之一神救道、得輸進於其人民之腦海、夫亦戛戛乎其難。然而先生夫婦之大願心、固以此一事為其所共立之唯一目的、且仗信仗聖靈之能力、氣絕不因事難而少餒。先生為美國學界鉅子、辦學助道、原先生所優為。然先生絕不肯作泰西文明與基督教有關之言、傳教而佐以世智、推行或不免較易、而無如人以學進道、亦難保不以學棄道。即不慮有此、而亦較直接引之就基督、收效異矣。故先生只服膺主「我常與汝偕」一言、堅固不搖、他途雖可收近功、不暇兼顧也。

然辦學助道者、持之亦未嘗無故。意若曰、年老之人、甚難化導之使悔改矣。吾惟從兒童方面着手、其或者較易於程功乎。於是而設學之計畫以生。先生則甚不謂然、曰、吾宣傳福音、常由其雙親以及其兒童、鮮由其兒童以及其雙親。凡因信受逼、老壯亦倍較兒童易耐。圖速效而就少棄老、究嫌非使徒遺治也。

傳道使人以耳受、尤貴能使人以目受、則譯行兩約聖經、及著印詮道小册、其急務矣。於是遂於千八百十七年二月、先從事翻譯馬太福音。蓋緬甸人士、皆頗有讀書癖、佛教經典、甚爲重視、見先生啟口宣教、常向之索閱經籍、先生無以應、故急及之。而先生之印行書籍、則尤有其所特別注重者、即不欲以所出書、如落葉之散佈、受書者之留意觀覽與否、恐不過問、必使之不虛所受。所發者如係聖經、且必令敬恭覽誦、或挽與同禱、俾能得聖靈之啟示、而後始安。

然先生究終以口說要於筆譯、其辨才之敏捷、洵天下所罕見、與來難者辯道、靡不獲最後之勝利。蓋上帝所特賦以爲播其道之用也。翻譯經說、特不得已而爲之耳。先生存心實專欲以生活之聲、喚醒人癡迷而拯救之。故其寄博爾司博士函有曰、予甚望新約書翻譯事業、早日完竣、俾得一吾心於宣道、期無虛此可救人之寶貴光陰。其注重口說、可概見矣。

夫目與目相對、彼反對者、得直接受有生命有仁愛之言論、刺入其肺腑、其疑釋惑破、自較受印刷物之指示而倍捷。故同一眞理、聞自熱烈演說者之口、可立受感動者、錄之入印刷物中、微論得之者之多數棄置不閱、即閱亦難必其能生同一之效力、如口說之迅速、此可斷言也。

先生之說教、雖聽者雲集、而先生對之、實不與泛泛之演說家相同。蓋先生以爲、傳道最有力、是專與個人對談、使座衆咸靜聽二人之辨論。以彼一人所出以與我辨論之言、必爲衆意中所同有、卽不啻使代表衆人之謬見。我以眞理破其謬、則勝一人、卽不啻勝全羣。加以先生之詞鋒敏妙、出以摯誠、能勝人、並能服人、故收效尤較以普通演說法說教者鉅。

又先生之說教、純出以具體之觀念、絕不雜朦朧抽象之畸說。以係將儲蓄心中眞理、和盤托出、不啻攝影之攝諸其形焉。且亦大具乎磁力、能感吸人凝神諦聽、卽所謂至誠動人也。況以遠隔數萬里之美國人、與緬甸人休戚無關、而顧肯冒萬險以來宣基督之教、於先生肉身、又絕無絲毫利益、且益加苦焉、緬人非絕無感想者、聽其言而觀其所由、有不立感激涕零者哉。雖此恉遽未能周喻緬衆、亦已漸漸有思而知之者矣。故本身作則、可不借言詮而曉人。先生旣夙具無礙辯才、而所言復能以躬行爲無字之注解、積中發外、口說實不啻其根心之花、與言不由衷、但磨利其舌鋒、爲在教會謀生活之具者、相去遠矣。

然而緬甸人固一性鈍而心深之人種也。守先世遺敎、堅確不移、其邪正是非、咸不欲措意別擇。斯對於新宗敎自然不易得其改心信從。加以無緬英辭典及字彙、以正語軌、又無解英語之西席、指授緬語、欲驟得恰當之緬語、以與彼緬人談道、恐非初至其地之異國人所能。先生嘗致書博爾司博士、述其學緬語之難曰予嘗以二月餘工夫、研究法蘭西語矣。今研究緬甸語已逾二年久、苟欲試驗余所學得之外國語、余惟有願先受法蘭西語之試驗。又曰、余欲得緬甸顯明語說福音眞理、尙須俟數年後。僅以一二年之時日、於人國之風俗習慣歷史、概未之知、遂謂可以用己之筆與舌、傳達己所信之道於人、直癡人說夢而已。誠閱歷有得之言也。

而緬人之不易改心、則又有廹害之一大阻力。國王之一顰一笑、人民之死生繫焉。茲微論聽道者之守舊難化、卽化矣、而處於此等野蠻政府之下、苟有敢改心皈敎者、財產之沒收、猶在其次、最難堪是逮案拷問、往往有搒掠至死者、慘狀誠不可勝言。然無如之何也。

第四章　蘭坤之生活一

先生旣遷入此蘭坤市內居住、比前此在外、汚目怵心之事雖較少、(因前所居不惟多盜、且近刑塲、鄰叢塚、又爲市中棄擸搔之地、）而空氣究不甚鮮潔、故居此一年未半、夫人遂疾病叢生、乃不得不掛帆航馬多拉司療治。時一千八百十五年一月二十五日也。治三閱月久、乃愈、既愈而返、於九月十一日舉一子、名羅加威良司。詎僅百日而殤。先生夫婦甚哀痛、然又得一層人生愁苦事之閱歷矣。

先生之緬語教習名沃恩明、時年已四十有七、緬甸中一品學兼優之士也。先生欲引之至道、適其時緬中有要人名傑氏者死。

先生語沃恩明曰、傑氏死矣。

沃恩明曰、予亦聞之。

先生曰、其靈魂亦因與沉淪矣。

沃恩明曰、何哉。

先生曰、彼未得救主上帝子基督而倚賴之故也。

沃恩明曰、靈魂及死後事、均非生人目所可見、何得以其非基督徒、而遽斷其沉淪。

先生曰、足下於芒果根之美劣、固嘗以其所結出之果而斷之矣。今傑氏之所信及其所行者、既可見如彼。其靈魂之沉淪、不從可知哉。

沃恩明曰、然則人而不爲基督徒、悉須受沉淪之苦乎。

先生曰、然、不論緬甸人、歐美人、不信者必定罪。

沃恩明曰、斯不已酷乎。

先生曰、斯固已酷矣、然子試思余因傳基督教、而須棄樂國、別父母、越數萬里波濤險惡以至於茲土、其酷又爲何如乎。

沃恩明聞此、若微受擊刺、默然不作答。有頃、乃更就基督門徒之幸福所以勝於人之諸要點、殷殷請教焉。

先生反問曰、人類非皆罪人乎、將來非皆宜受上帝之罰乎。

沃恩明曰、然、人類於將來之所受、揆以其生平之所爲、猶影之隨形、響之應聲、嚴罰實莫之能議也。

先生曰、子既知此、則上帝之恩之大、誠莫可名狀矣。蓋人類既皆爲罪人、上帝若以其法律繩人、人人莫不應受沉淪之罰。而上帝於人、父子也。父不忍子之競趨於死、特設爲代贖之法、生耶穌卽道所成之肉身於世以爲之救主。使凡信其名、接其道、而改心向其所指示之光路而行者、上帝悉寬其旣往而并予以未來界之永福、以榮其不死之靈軀焉。其恩大爲何如哉。

沃恩明曰、斯則余未敢苟同者矣。夫一切生物、實莫不含有毀壞之理於其中。且方死於此、又必立更生於彼、輪迴變化、無有窮期、此生老病死苦、所以爲衆生不可逃之定阨也。夫惟不生、乃能不滅、故賢者以超越生物範圍爲願望、而以無生之涅槃狀態爲其歸宿焉。

先生曰、此未來不幸之生存、非卽犯罪者所應受之惡報歟。惟然、而永生天國之福樂、其爲上帝所特設以待義人之定法、昭昭矣。

沃恩明曰、永生而苟永善、無論已。然吾信世界必無此狀態之存在。萬物悉自有其生滅循環之理、惟不生不滅之涅槃、乃永在而永善者、此卽大聖釋迦之所已達到者也。

先生曰、永善者旣無生、然則將憑何者以說明一切乎。而斯世及吾人所見之一切結果、又來自何處乎。

耶德遜

開按、不生不滅一語、當作不輪迴轉生於世、不至再有老病死之苦解。非謂死後無靈體之永生也。佛說既誤於人有死亡、是緣於有輪迴之生、於是求得可以避輪迴之道、免再生人世、再受死亡、故曰不生不滅。蓋不生則不滅也。沃恩明不明此旨、誤認永生為轉生之生、或肉體之長生、而先生復不能據其眞解以駁正之、致費詞糾葛、而兩不了解、殊為可惜。余今敢徑下一斷語曰、永生天國者、卽佛說之不生不滅也。明道者、當必韙斯言。

沃恩明曰、運命而已。

先生曰、運命為何物。

沃恩明曰、運命乃於未來對於現世善惡之行為所定之一種力。

先生曰、既曰力、必有推行是力者。此推行是力者之是永生永善與否、可藉有是力而決定之也。

沃恩明曰、此未有能決定之者、以永遠存在者之存在、應無可得而存在之理也。

先生曰、斯則愈難索解人矣。以凡立一目的、必須有赴之者、亦必須有使之赴之者。此使之赴之者、卽永存而永善之源頭唯一上帝也。

先生於緬語之硏究旣歷三年、乃著手於福音書之翻譯、及佈道小册之著述。前所云云、乃提前之言、非其已事也。時適在夏季、暑氣逼人、有如火炙、先生因感暑而病、日臥在床、而卽利用此無聊之時間、集成其所得於緬語之知識、編纂一緬語文典。此書頗見稱於世、加拉吉大列匪烏氏因是書歎先生頭腦之明銳、且謂似此簡而賅之文典、世殆無其匹。一千八百十六年七月三十日、先生病將愈之際、卽先成一種佈道小册、爲其最初之緬語基督敎說明書。

有著述、須有印刷具方能出書、此一定之理。先生是時、經購備緬語活字及印刷器械、并請得祖國傳道部、派一善於印刷之敎士名火扶者、及其夫人來助、是時已離美附帆、印刷局可指日成矣。凡此皆賴士在祖國代爲鼓吹之效果也。

先生於要求助手一事、抉擇甚嚴。觀其致賴士書可知。書畧曰、激勵青年使從事於外國傳道、須加以最大之注意、稍一不愼、而用失其當、必大有害於吾人之事業。必富於謙遜、敬虔、忍耐、有健全銳敏之能才、與適當之學識、又好爲語學之硏究、甘居下位、卑以自牧、樂為衆僕、溫柔和平、并樂為基督而犧牲一切、人視其已全備衆善、而自視轉若無有、不稍矜伐者、乃吾等之所欲得者云。

函中又有如下之數語曰、予於宣教師牧師中、覺所得學識、尚未適當、恒生比較的無味之感。蓋皆人間之小智、無與於靈界之進行也。靈界純屬於聖靈之賜、謙遜、忍耐、柔和、仁愛、及一種生活不斷之愉樂、皆非恃有學識所能得。而既得乎此、便若離乎現世之塵土、而高翔於千仞之上、尊榮無比。以是比較、烏見所得學識之已適當乎。不但此、即予之職業、亦深覺其不適當、何也、吾人之生於天地間、實大塊一微蟲耳、傳道職業、則上帝救世一絕大之事也、以微蟲而負此絕大責任、寧敢謂當。而上帝竟不棄余之微小、而以之相託、吾亦惟覺其是上帝之特恩而已、雖萬苦不敢告勞也。

一千八百十六年十月十五日、火扶夫婦至蘭坤。十一月七日、先生致書祖國傳道部曰、予至緬已三年於茲矣。前所起種種疑惑、已消滅於無迹矣。上無政府之干涉、下無胥小之妨害、坦途已闢、吾祖國可以多派人遠來相助矣。蓋在緬宣揚主道、舍英人外、即宜惟我輩是賴耳。又曰、英國浸禮士派即浸會傳道部、其教士放洋之際、語其友人曰、吾此行如入井、切盼諸君持繩立於上、俾余身有所繫而不墜、則幸甚矣。予對於諸君、亦欲云然。

火扶既戾止、先生卽命以印刷具印製其所著佈道小册一千部、又印其夫人所著之問答書三千部、以廣布於各地。彼緬人既如彼其嗇於研究書籍、對此當必不能漠置也。而先生視得人如得魚、每遇有緬人叢聚地、必多派此兩種書、如漁者之施罟於聚魚之淵、且恒代切禱、以冀其所播之有收焉。

然而緬人之緣是而眞實求道者、數年久、僅僅得一人。而亦惟一二次踵門訪問、後遂不復見其影。

一千八白十七年五月二十日、馬太福音傳翻譯告成、此爲聖書譯以緬甸語之第一期。五月二十二日、卽接續著緬語字典。四年內既竭力於緬語之研究、又著小册、譯聖經、編纂字典文典各要籍、積勞成疾、非航海求治無痊愈望。然事業須以是而中止、又非所忍。

緬西部亞拉康山脈下、丙珈爾灣、有海岸曰七大公者、英國領土也。其居民悉用緬甸語、初英國浸會教徒開始傳道於此、得數人悔改、旋中止、而已悔改者、亦因以漸失其固、結心其信仰直風前燈不啻焉。先生以是擬赴七大公、重尋彼已散佚之信徒、新加以教育、冀可以於其中得二三人返蘭坤相助傳道。計議既定、遂預擬以三個月之時間、爲其七大公之旅程焉。

不謂既登舟開行、忽頻遭逆風、以十日或十二日可達之七大公、反月餘不到。匪惟不到、且去而益遠、乃不得不轉其方向、改赴不欲往之馬多拉司。遙見亞拉康之峯、已沒於水平線之上、烟波微茫、不可卽、迴憶初出門時之計議、其懊惱可知已。無何、舟至可若莽爹爾海岸、船忽無風、使不能進、因滯留一月、而欲寄泊於馬多拉司北名馬斯利巴丹之一港焉。時、無食無水、勢至危急、不死者幸耳。計其自蘭坤解纜、凡歷八十有四日、始至馬斯利巴丹、而是處又適無船達馬多拉司、乃改由陸乘肩輿往。固知在馬多拉司返蘭坤、爲程已不遠、乃又值無船開赴、足在彼靜候二閱月、於其年之七月二十日、乃以一百六十七盧布搭乘英吉利之一船以行。馬多拉司向已有教士佈道、先生在彼、甚蒙優待、及別、先生感其情及念後會之難期、至不禁雙淚交流焉。既登船行十有二日、乃復見僧院如雲之蘭坤河岸。

先生別蘭坤以至於返至蘭坤之日、爲時約已歷年餘之久。而此時期內、先生之夫人、與火扶夫婦所歷事、有不堪令先生聞者焉。蓋先生別日、夫人以是遷地養痾也、念在遷所、必常常有函報慰。況往返曾定以三月。乃逾朔又逾期、既不見其返日、並片言隻字之消息都無焉、其牽罣爲何如耶。以故、夫人每夜必研究語學二時許、冀可借勤勞以佔減其煩惱之時間、苦可知矣。不第此也、而其時又適有將下逐客令之謠、自東而西、関傳全國。而前與先生友好之總督、又已調京內用、新總督與教士既無交誼、此次之風聲傳到、卽立脅火扶出走、且謂如不早決計、將有性命之虞云云。時夫人見無可奈何、只得出而自執其仲裁之勞、以其圓熟之語言、並可憐之狀態、苦求新總督收回成命、而曲予矜全。乃獲幸不卽於危。豈知一波未平、一波又起、英緬戰爭之風說、又萬口嘩傳。泊蘭坤英船、多起錨他走、所未去者、只一艘而已。火扶驟覩此險象、若大禍卽在眉睫、欲不避而不得。於是卽挈眷乘未事而遁入彼未去之一船、並强拉夫人俱。蓋是船亦已將解纜者矣。夫人念先生存亡未卜、又恐或卽能於日間返至蘭坤、已去殊所未安故雖已登船、仍復舍而歸寓、卽不幸而須死於其地、亦不暇顧也。

先生之返至蘭坤、恰在火扶乘舟將欲行之時。

久之、知此謠純屬子虛、而先生傳道前途、乃復幸有一綫曙光、散茲霾霧。火扶之所止、在加拉吉大印刷、具岡亦同被携去、先生似已大形不便、然未幾卽有二教士、一可爾非、一威爾若克各携眷至蘭坤、爲先生之助、亦可以稍彌厥憾。時一千八百十八年九月十九日也。先生至緬甸、如是之久、尙未經以緬語集緬人行正式禮拜儀式。一千八百十九年四月四日、乃作第一次之公會禮拜、爲時先生年三十一歲、至緬甸已六載矣。然猶未經建就有正式之禮拜堂也。

一千八百十九年六月廿七日、去先生別祖國之日、已七年有四月、乃始得一人名孟年者領浸入會。先生以鉛筆記一歌詞於其常用之書面云、喜兮悲兮、健康與抱病兮、吾人之行旅、宜自强而不息。吾播種於緬甸之荒郊兮、而刈穫乎西甕之邱隰。

而是年十月廿三日之夜、又有孟大拉、孟比亞二人、持所得書謁先生、告知其對於基督之信仰、並求爲秘行浸禮。先生與促膝細談、知其經實得乎上帝之恩惠、特猶不免有畏人之見存、尙未能全愛基督耳。因勸以再加熟慮、暫緩求浸。詎至十一月六日、渠二人又再來求浸、且謂已願不秘受而明受、惟須於晚間人不獲見時行之。先生復細與談論移時、深悉其已均願爲耶穌謙遜弟子、所以必求於晚間行浸者、非恐有迫害窘逐、致累己退縮不前也、不過欲權避一時無謂之危險耳。倘是時卽被彼惡政府拘案逼勒、已可信其必不肯否認基督矣。故先生對於伊二人之要求、不便再拒絕、只得面許於次日晚施行。次日卽十一月七日、夕陽旣下之前一時、孟大拉孟比亞件數友來堂作簡單祈禱後、卽同到孟牢前受浸之處。時太陽之光、已不獲照及此偉大之儀式、叫囂之羣衆、亦不獲預知而來擾、亦並未歌詩讚主、祇此神聖之儀節、貫徹於其地之上下左右而已。其一種冷靜之狀況、眞令人百感叢集。然而耶穌之視此、固必有以憐其弱而赦其罪、且刻誌其事於心、而永矢弗忘也。

由是而繼續求道者、頗日有所增、乃不謂前途之希望方殷、而一朶迫害黑雲、突來自天外。先是有一寺僧名秀瓦龍者、見信教之徒、咸背棄舊神不事、於是遂流言於國曰、新宗教將不利於國教、蓋緬甸舉國皆奉佛、已視佛爲其國教也。而蘭坤之總督、更爲之下令究問以揚其醜夫羣魚游泳水面僅見有手影到目卽隱沒不現魚之性也、彼新來求道之衆、亦猶是爾、豈有覩見此觳觫之狀、而仍敢來集者。所幸孟牢孟大拉孟比亞三人、信心堅定、雖明知有財產沒收拷問論死諸危險、亦不爲所動。然而傳道之事業、則未免緣是而驟呈休止之狀態矣。以蘭坤市民、已無一不視與先生來往、爲一絕大之險事也。先生念此事若不力剖白、將永絕傳道望、於是擬逕赴首都阿發面見其國王、而詳告以傳道之故、俾釋然於心、而特旨准行焉。雖此事之能否如願未可知、而恃有主助、則固不妨放膽前往也。

計旣決、遂擬與可爾莽二人、尅期啟行。時與可爾莽同來之威爾若克、正患咯血症甚劇、已先期於八月七日、挈眷赴丙加爾、登歸國航程矣。此行有一絕可哀之事、幷記之於下。

威航海之第十有三日之夜、其夫人正於艙室中筆記事件、忽聞一怪異之聲、自威臥處出、夫人急趨視、而威已不見、大呼亦無應。探首外望、則星光上下、不辨水天、涼氣淒風、沁人肌骨、念適者之響、毋是已夫壻已蹈海而逝耶、不然何覓之不見、呼之不應、若斯之可異也。思愈眞、而其事愈確、因籲船轉舵施救、而已不可、亦已無及。嗚呼、孰意此富於年華勇於進取之之青年教士、竟甘以一疾而遂與萍藻同消毀、其有爲之身軀於海天寥廓之中乎。此在其夫人固悲無已時、而先生及可爾莽聞之、當亦有無限感傷耳。

第五章　蘭坤之生活二

一千八百一十九年十二月廿一日、先生與可爾莽二人、攜聖書六卷及他項新著述數卷、幷求得總督護照、遂乘舟溯伊拉瓦爹河赴阿發、至次年卽一千八百二十年一月十七日、乃抵其前代國王首都巴岡、巴岡去蘭坤纔二百六十哩（此英里也、華里約有七八百里）耳、輪軌未通時代之交通、固有如是之難也。

先生至此、先徧訪其都市四方著名之壯麗堂塔珈藍、及廣大廢址、遇高聳建築物、必登巔憑眺、期不虛此行之曾經此地焉。相傳去今約八百年前、佛陀宗教始盛行於此、時有佛敎徒名阿亞羅漢者、受亞南拉他西藏王保護、於此地大闡宗風、聞其言而皈依佛法者、幾不啻如水之赴壑焉。所手建寶塔甚多、今於諸廢址中、猶有二三處古跡可辨、是阿亞羅漢之遺物、其多可想。此外如殘骸狼籍、城脚怪畫、塗飾門柱、爲其人愚野之表示者、亦彌望皆是。先生於此、感過去世之黑暗、彌覺推行基督敎以大光照死地陰翳、宜急進而不容少緩。幷自覺已是時適立於光與暗界線之中、上帝已責我以其道消滅彼一切迷罔、而劃歸其地於天國之範圍焉。

一月廿五日、過舊阿發、亭午、抵沃斤莽埠。埠距新阿發約四哩、去蘭坤約三百五十哩、遂留止於是、次晨乃入覲。時前任蘭坤總督、正宦京為國務大臣、米鐵命是其姓氏。先生等遂先往叩其邸、贈以珍物、求為介。次日、米託一同僚名孟約者、導先生二人赴宮闕。至、先佇立於門外良久、受種種役人盤査訖、乃入。既入宮內大臣孟雜、以預收貢物之故、殷勤導先生二人至一大臣室、予以特殊之待遇。及既與諸同時晉見之官僚齊集之頃、先生始告以求見之故。孟雜立接其所提出之請願書、過手閱看、既半、顧謂先生曰、子來傳教者、耶子所傳之教何若。先生未及答、內庭適傳旨國王將升殿、孟雜即忙整衣冠俟。曰、我今須帶領彼輩入謁國王也。是日為戰敗加拉人之凱旋紀念日、國王須親出行祭、與尋常接見臣下日不同。先生慮不能罄所懷、乃孟雜冠帶畢、突蹙頞語先生曰、子何為欲在我緬甸國別傳宗教乎。無益、徒討煩惱耳。雖然、姑隨我來。遂導衆進行。先生二人聞其言、若冷水之澆背、壯氣幾盡為所喪。然猶冀幸王或不作是語也。歷盡諸華麗之區、遂登隔入一絕莊嚴之廣廈止焉。

孟雜示先生二人坐處。乃置其所捧呈之品物於一案。而自就座位。孟約及其他大僚坐於後。此廣廈彌望皆金飾、璀璨炫目、是日同進謁之人、均一國棟樑之選、乃知獲列坐此宇、非尋常人所能冀倖也。約坐五分鐘久、王出、隻身無侍衛、服雖美、然不甚鮮艷、手握純金製大刀一柄、目烱烱注視衆、狀至可怖、羣臣皆趨前跪伏於其下。先生與可爾莽二人、雖不敢不跪、然直腰拱手、各張兩藍目與國王相對視。王因先問先生等曰、汝等爲何許人、先生曰、啟大王、我等皆教士也。王繼問何日到、是有妻子與否、與葡萄牙宣教師異同、服裝有無殊致。先生一一奏對惟謹。王色喜。有頃、孟雜中讀先生等之請願書、讀畢、王伸手索閱、孟雜膝行至前交於王、王循覽一過、默無言。時先生所携帶書籍、悉交附孟雜轉呈。王於是取一卷所謂拓拉克拉者而閱焉。先生等之心、是時咸代王默禱上帝。豈知時機未至、王得書、不惟不受感、且轉觸其怒。見拓拉克拉所言永遠唯一上帝之存在、超越乎不免敗滅之運命之現象界、此神外別無神云云、（此係其首二章之文、）且讀且嗤、讀未竟、遽勃然擲之於地。先生大駭愕。孟雜爲膝行至前。拾其書交還先生。復開聖書一卷、指其所謂佳者示王、王鄙夷不屑看。其狀至難堪。寵朝後、孟雜承王命傳語先生曰。汝等何爲而出此請願之舉乎。彼葡萄牙人、英吉利人。穆罕默德教徒、及信仰其他諸教之人、皆各從其習慣而行、王不過問、非已獲充分之信仰自由乎。休矣、汝等之所請、王不欲有若何之指揮也。汝等所是之聖書、王亦不見其有何用處、其持歸。至是而先生之侈願、悉付流水矣。

是日之夕、先生與可爾莽二人、夤夜踏月光出沃斤莽、情形與亞當夏娃被逐出伊甸樂園同、其悲觀不言可喻。

抵沃斤莽後、因求特別航海劵、至二月六日、乃獲自沃斤莽港、附帆遄返。二月十二日至比葉、去阿發蓋已二百有三十里矣。在比葉偶遇一熱心求道之蘭坤人、厥名曰孟秀龍、係緣有契友在此病將死、特遠來問訊者。今與先生遇、觸復其求道之觀念、頻頻以己之信仰已漸確相告。幷問爲基督弟子、如我者、尙缺何事。先生告以信基督必須受滌奉純卽浸禮、否則不得稱之爲基督之徒。隨示以此次陛見無效事。孟秀龍甚爲惋惜。且曰、自先生晉京之後、我嘗屢欲與莽根大師辯論、蓋我已洞悉彼所挾持者非眞道、我以所得於先生之基督教理攻之、必能關其口而奪之氣也。先生曰、此固然、然子能以道屈彼之口、難保彼不能以勢害子之身。宜慎之。言畢、遂與之握手而別。

先生念此次返蘭坤甚覺爲難、彼兩三信徒、倘因受廹害而遂叛去、固足傷矣、幸而有聖靈居中作主、殺身不懼、吾對於彼被其惡政府陵虐受苦時、當如何乎。視若隔岸之火乎、抑赴案分受其苦乎。夫赴案分受其苦、固吾儕本分內事、亦吾靈之所甚願、特肉體軟弱、或不能照是實行耳、奈何。

二月十八日、先生與可爾莽二人、返至蘭坤、即決志移駐七大公傳道。蓋七大公爲英吉利保護地、於彼對緬人說教、較無礙也。於是立召集蘭坤地之已信道者、及凡已立心向道者、告以教會在緬甸、不久將大受政府之廹害、及已去蘭坤之計畫、而不言往阿發之失敗。詎知彼蘭坤教友信德轉發比先生堅定、聞先生教會將大受政府廹害之語、不但毫無恐懼、且以是爲信徒榮主之絕好機會焉。并苦留先生勿去、曰、至少須成立有信者十人之教會、及又有一人可自爲牧之時、先生至是若不得不去、我等乃不復强留、今則萬不能放先生捨我等而去、我等咸深信基督眞道、必能在緬甸發達、王命雖可畏、究不能毀我此出自上帝之謀也。先生受此語感刺、雙淚迸流、卒如衆之請、而停止其七大公之行焉。可爾孟則以爲先生雖留而七大公究不可不有人往。蓋一、可以尋回前此英浸會所遺之亡羊。二、可以傳道於阿拉康人。三、可以在彼預備先生及蘭坤教友受迫害時之退步。遂以一千八百二十年五月二十七日。詣七大公惜在彼僅三年。遽於一千八百二十三年七月四日奉召歸去。同人咸惜之。此後事也。

而當時旅蘭坤教士、火扶夫婦、戚而弼克夫婦、可爾莽夫婦、已先後離去。不復返。只剩先生與夫人二人在彼。寥落已不堪言狀。加之以教會現狀。岌岌可危。先生之羈身蘭坤、不誠一極憂鬱之人哉。詎知聖靈作用。專喜於黑暗中顯其光明。先生自返阿發、至是不滿五個月。已復得眞心信道男女七名。來求受浸。上所稱在比葉與相遇之孟秀龍、亦在數內。孟秀龍蓋緬甸當日之優秀士子。由懷疑而進於信者也。又有一女子名馬命拉。爲緬甸女界最初歸教之信徒。此女信徒求道之時日已不淺。早經欲表示其信教之證據、以慮有迫害而中止。至是乃獲以決心領浸。嘗語人曰、我愛基督實較愛最親之血族尤深且切。誠莫知其所以然云。

是年四月二十日、以弗所書譯竟。

又此次領浸七人中、有孟秀拔者、其信德亦甚結實可靠、蓋嘗費三日三夜之力、專心以思索上帝之存在、此疑團既破而後、其他之要道乃迎刃而解、蓋思索的信者也。至是而三人之教會、成爲十人之教會矣。

時先生之夫人、身甚衰弱、先生於是於七月十九日、率之往加拉吉打醫治、八月十八日抵加拉吉打。夫人病在加拉吉打瀕危者屢、以遷寓其附近色蘭波亞地靜養、乃獲幸恢復其健康焉。至次年一月五日、先生兩夫婦、又復爲蘭坤市中之人。返至時、蘭坤諸教友、以睽違道範已幾及半年、久別重逢、喜慰自不言可喻。以故先生船抵步日、諸教友聞訊、多趨出海岸迎迓、先生立船舷瞭矚、首先見孟秀龍額手示慶。馬命拉及其他慕道女士、亦同在羣中。既循例畀一受稅關撿驗、即率衆同返已寓、甫坐定、而孟勞亦率數人至。其夜即在寓與衆同跪下禱謝上帝、衆咸滿溢喜樂及讚美於心而散焉。

有孟格者、七人中之一也、先生返數日、至一月十二日、乃來晤、此想因先生去後、謠言鑑起、孟格處大禍卽至、故遁入森林暫避、至是始出也。

蘭坤一醫士名沃安者、於基督之道、嘗精心考察、覺信仰基督、注意於道德方面、不若注意於靈精方面之較爲吃緊。蓋道德爲教教之所同、靈精爲耶穌之所獨、信耶穌而但結有好道德之果、他人之與我有同一之道德者、必將起而爲耶穌教之敵、而傳道之門塞矣。惟靈精係專從信賴十字架救靈贖罪一要點得來、天下無第二釘十字架之帝子、卽無第二宗教能偷此靈精於人、故獨宜注重乎是。其見道亦可謂深矣。故先生彼時、以希望能得沃安之歸教、爲一最高價之獲物。蓋嘗與接談數次、而知其是一有才有德可尊可敬之人。且其言恒如油之滑、如蜜之甘、如劍之銳、得其人擔任宣教、必能比孟秀龍尤稱得力也。

一月二十日、女信徒馬命拉開始助先生夫人以學校建設之計畫、於翌日會集合信徒與向道者有二十五人之多、此爲二年前所夢想不及之事。

至二月十六日、有求道已甚久名孟引者、歸自鄙克、其人雖自與先生分手後、曾遭遇種種困難、而至是獲與先生晤、頓轉憂爲喜、不可遏抑。自言其至鄙克、嘗攜馬太傳一册示駐鄙克傳教之加特力教（卽天主教）神甫、神甫立投之火中、另以彼教之書一卷相示、告以宜信此不可信彼云云。并云我知彼所信者、同是我所贈馬太傳內所言之耶穌、自然不能捨言耶穌之馬太傳不信、而信其他非聖經之書、故我之信德、毫不爲所動。先生聞之喜。越九日、卽二月廿五日、孟引求受浸、衆咸信其己眞心悔改而同有歡喜接納之表示焉、

此事之前一夕、有二人來堂與先生談道、先生各贈以布道小册、卽所謂托拉克托、前曾以進呈緬王者、二人退、便道入一塾師名薩林者之家坐焉。因與語先生所說之永生上帝、及其宗教、起薩林與相批難。并出其所得小册相示。岸然曰、此等教說、直堪毀之作捲烟紙用耳。時孟引恰寓薩林家、聞是、甚爲彼二人憂。己是時雖尚在宮墻外、而於道已可與立、故雖遇惡教者百端毀謗、而不爲所動、且益堅己之信德焉。翌晨方黎明、卽走晤先生、先生尚未起也、立門外俟良久、乃獲入。既入、與互道昨夕之所遇、先生曰、此等人、渠如肯回首行天國路、至門時、內必爲之啟、亦如今日也。於是於三月四日、爲孟引施浸。

有孟德伊者、佛教徒中之以嚴正稱者也。與孟秀拔弟孟爪善。爪爲一勇猛丈夫、好以氣陵人、人鮮敢攖其鋒。一日、率德伊來見先生、既見、而退。次日、孟爪獨自來語先生曰、孟德伊爲人精佛學、善口辯、人鮮能勝之者、故恒若有旁若無人之概。然其心實甚喜考求眞理、昨曾取尊著托拉克托深思熟讀、必能再來與先生論道也。次日、孟德伊果再來、談良久始退。又次日、孟德伊第三次來見、有弟子數人與偕、態度頓與前不同、初見尚不失禮儀、及與之談及道理、便怒如烈火、且滔滔不竭、務貫澈己說、而不容先生得間置喙、先生亦默而容之。俟其語畢、乃從容抉佛教謬點、再與挑戰。而是時德伊已智盡能索、莫能申辯矣。

再數日、德伊復率數人來、見面便破口詈罵、無一合道理語。並謂渠輩此次係奉長官命來、不久將置先生於死地云云、其野蠻至此、殊可悲已。

五月二十日、有孟勇其人者來訪。勇性善疑、並己身之存在、亦莫決其虛實、其於關於形而上學之問題、恒與其妻相爭焉。舉例言之、如其妻謂米將騰貴、彼必反叩曰。米者何也、爲物質乎、抑爲精神乎、爲一種觀念乎、抑全屬虛無乎、如其妻曰、米是物質、彼必

耶　德　遜

吏曰、物質者何也、實有此物質存在於世乎、抑被欺於五感、而妄生此思索乎。其爲人如是。然固一溫良謙遜之士、且謂爲眞理之研究者焉。故此次來訪、誠虛懷若谷、不似孟德伊之設心欲來爭勝也。

先生既語以大道之要、渠發一疑問、極可笑。其言曰、予非多懷疑問也、有不可解者存焉、不可不一質高明。足下謂上帝初造一男一女、夫所謂男者、何物也、又持何理由稱之爲男也、是卽予所極不解者、煩足下詳爲我解之。先生至是深明其性質、與深談二十分鐘、頓破其懷疑之思想、自是孟勇遂與其妻同爲一熱誠求道之人矣。

六月四日、先生於衆已改心者之中、擢孟秀拔爲傳道事業之輔助人、論雄辯、秀拔固劣於孟大拉、論天才與風采、亦劣於孟秀龍、然其一種渾璞之性格、及其嚴正之舉止、則實非彼二人之所能及。又其於主工之有經驗、及不惜犧牲己身命以赴己所抱持之主義、尤其所獨優之點。故首先擢用之。後孟秀龍覺己有缺點、亦發奮淬厲、期能負傳道責任、以共策教會之進行。先生記其事於冊云、孟秀拔孟秀龍暨馬命拉三人、是時可謂是教會之花矣。此外於比較上信仰之冷淡、雖未免有二三輩爲境遇之困難

第五章　蘭坤之生活二一　　五七

所轉移。然而其最初所立之愛主愛人之約、則固矢終身信守、不敢或忘也。

先生既有浩秀拔等負輔助傳道任、自是凡遇係爲道來訪者、先生悉導之至彼等之所。已一方面則乘此繼續事翻譯事業、而所謂新約之精髓、如約翰傳及約翰一二三書、亦將次有緬文者出世。擬譯竟此兩種、便著手於使徒行傳一書云。

時夫人忽又增患重恙、非有兩周年之時間靜養、不能痊愈、不得不擬期歸國調理。於是遂於一千八百二十一年八月二十一日、別先生登船取道印度京加拉吉打揚帆而往焉。

夫人啟程後、九月五日、先生遙寄一書云、

予最愛卿敬慶之情。較予尤熱。似此苦難。竟反予之預期。卒不予以善果。爲予心情慰。哀憐也。聰明也。有如全離予而去之之感。宗教生活之步遲遲不進。是可哀矣。今朝予覺其精神之墮落。直欲舉一切而均須放棄之。然此非對於基督信仰之衰微。今於此點。予仍甚強固。予所痛歎者。於此罪之狀態。不能達夫聖耳。予身以及卿體。將以傳道事業。盡獻於耶穌仁愛之掌中。地上固終不能會晤。再會之期。其於幸福無涯之天上。決可相待以晤也。慰也何如。主爲一切之王。予則一切全任主之安排。以是微論何事發生。恆覺可喜者焉。吾輩既與基督共其苦難。其與基督共受光榮也必矣。

讀先生之書。先生之於傳道事業。其不能一刻去諸懷者。可以見矣。書發後九月十二日。又致一書。其詞曰。

集會繼至三時。衆人散後。僅剩予一人。數時之間。寂寞無聊。難以言宣。然愛卿手示所記之夕刻。彼此互爲祈禱之時間。亦既至矣。予心於是稍慰。自是聞孟秀龍之清談。予已全被挫其銳氣。吾人倘見一片安全之靜土。平和消送吾人所剩之生涯於其間。與世間得並行其禮拜。其樂如何。固可思矣。然當逼去夜思之時。此思已如水泡消去。人生命短。幸福非屬外部之景況。顧此數億緬甸人。旋將就滅。傳以救之之道。就其程度論之。能通緬語者。恐惟予一人而已。以此之故。則欲爲基督用之。而不可不用者。其爲予身責任之重。義務之大也。何如哉。顧此趣味深長之境遇。惟在奉事基督。其爲基督許以勞苦之尊榮。又果何如哉。要在求近乎天之榮光。使予環繞徘徊此國者。自蘭坤以至阿發。到處爲其眞理之證明。凡予先見有其榮光之道。漸可昌明也。基督苟已潔我。雖何事亦可爲之。然我無論何等之價値。倘依恩寵暫見天事之時。予卽思奪而去之。以盡乃心云。更語曰。吾輩生長於恩寵之中。互爲切磋可也。至因鍛鍊吾輩所予之種種艱難。互爲忍耐。吾輩卽因是以離世心。將得銘心天上之事。且吾輩不久卽可登天耳。吾輩及是時。以如斯思其佳者。今猶生活矣。心苟謙抑世之快樂。以及人之賞贊。稍無渴望焉。且是不足介意耳。舉凡超群拔萃與夫光榮無盡源之基督。是宜專心致志於斯云。

舟行逾月。過兵叩爾瀰抵加拉吉打。夫人欲乘美國汽船前往。因美船祗運載貨物。例不載客。是以不能遂其所欲。適得英船赴英。惟船費須一千五百盧布。夫人苦之。旋得通宋夫人之力。訂定與兒童三人同艙。此艙租費四千盧布。夫人佔其八分之一。於是以五百盧布之船費而抵英矣。至英。大爲基督敎徒所歡迎。而國會議員巴的烏沃司。待遇尤厚。其招待夫人時。席間演說曰。夫人之來。吾實非預知。今忽幸駕臨。實我輩之非常欣慰也。爲頌不知天使而厚遇之之言。以寫其悅豫焉。

夫人留滯英國。已近一年。遂於一千八百二十二年。九月二十五日。單身以歸美國。居美時。其最親交之友粵蘭多博士。嘗評隲之曰。予於美國。固未嘗見此卓越之婦人也。其知識之明哲。理解力之優尙。以及婦人特有之直覺力等。夫人恆依其獨立之行動。以養成而充滿之。且夫人之心。如光風霽月。去其人心以合於神心。是固力行偉大事業之時。不爲私意阻撓之所由自也。夫人之具此資性。若以普通婦人之特質。掩其優美之點。則夫人亦不過爲一謹愼靈敏之婦人。而自深知夫人者窺測之。則夫人誠深與之宗教的感情其人也。此感情之作用。則以個人敬虔心之力。努力以感動於他人而顯著之。然其精細之機智。奮往之勇氣。若非忍耐至於無可如何之時。則決不遽爲發露。當予會晤夫人之際。容色稍帶蒼白。與居東印度時常見之色。有相似焉。人之與夫人初見。似無甚感情之表示。然其傳道甸緬之日。雜處於諸同志內。則雖謹愼自守。而殷然可愛。藹然可親。實無往不表其熱忱。此則夫人之所以隨處皆令人傾慕而愛之敬之者也。

一千八百二十三年。十二月五日。夫人帶新派遣之宣教師粵多夫妻再至蘭坤。

昔先生送其夫人歸美後。營其寂寞無聊之生活。殆逾四月。至一千八百二十一年。十二月十三日。醫學博士約那桑普賴司以外國宣教師至蘭坤。遂與先生同居。再逾一月。火扶賢其家族亦自加拉吉打歸來。而先生之心。遂稍爲慰矣。

普賴司氏於醫學上之研究。卓越一時。而底翳手術。尤爲神妙。凡屬難症。奏刀立痊。病者之受割而愈。有如夢之初覺者。緬甸王聞之大喜。意欲聘之至阿發。先生聞之。逆計隨普賴司赴阿發。則王之對於基督教徒。其刻酷輕薄之狀態。或幸得緩和。於傳道上之事業。其困難亦或可畧減。阿發或從此而得一傳道地點。亦未可知。此行實千載一時之良好機會。於是於一千八百二十二年八月二十八日。遂爲普賴司之舌人。受其政府旅費。而爲第二次阿發之行焉。當是時。蘭坤教會之會員。蓋已自十名而增至十八名矣。先生與普賴司抵阿發後。約近一月。王賜謁見。賜見後。先生屢偕普賴司覲連覲數次。先生始爲王所認識。因以垂詢一切。旋又問曰。汝服黑衣。事何職業。抑同爲醫生乎。先生對曰。臣非醫生。乃一宗教家耳。王因卽宗教上種種問題叩之。又問有無信者。先生對曰。阿發無之。王追叩曰。蘭坤人有信之者乎。先生曰。少有之。然其人皆西洋人耳。王詰問之。先生竊念答之不當。蘭坤小輩。必將見滅。吾將爲眞理之犧牲乎。抑將招不幸之結果乎。躊躇再四。始爲決定之答詞曰西洋人與緬甸人信之者均有三四人。王聞言。默然者久之。且微露不悅之色。繼爲天文地理及宗教等之種種質問。先生一一對之。盈廷諸臣咸爲傾動。而王之默然不語微露不悅之色者。自是亦轉而爲春風和氣矣。

王退朝後。秘書官特請先生暫留。使詳講關於基督教之要義。先生宣講時。有棄佛教皈依天主。曾於拷問器上。幾頻於死之某大臣。亦在座凝神默聽。先生是時。原不知某大臣卽爲棄佛教而皈天主教之人也。但見其白髮盈頭。蒼然老態。遂以意測而決之耳。

自是而後。先生每日朝膳畢。卽入宮見王。成爲定例。閱數日。見王歸。王弟恩親王遣使於途。次延請先生入親王府。恩親王青年人也。時適三十八歲。因中風疾。手足偃滯。殆全奪人世間之快樂者。有葡僧某久住阿發。恩親王與之善。因聞西洋學術。且矢志研究。今遇先生。爲增長智識計。遂竭誠招致。然恩親王之招致先生者。固未知人之急需者何在而但以求學問上之進步耳。

先生與恩親王。由是日益接洽其隨從士官某。亦因是得以向先生爲新宗教之考求。久而久之。恩親王與其妃亦漸知眞理之寶貴而先生與恩親王夫妻之關係。遂極密切。恩親王日者請於先生曰。願先生勿歸蘭坤。夫人若自美利堅來。務即請至阿發先生以宣傳主道爲職志若住阿發。王自當給地以建教堂。以副先生之苦心焉。當是之時。王對於先生之態度已多示欽崇之意矣。國務大臣中亦多進叩先生以爲誠懇之周旋矣。他如皇族。凡關於宗教科學之言論。亦喜聞之矣。

先生初見恩親王之日。爲十月四日。初見以後。請入見者不知凡幾。十一月十三日。先生又承恩親王。請入府相見。作促膝談半日。語以基督教之性質。告以美利堅人遣彼至緬甸之目的。及前至阿發時所受冷淡之待遇。並於蘭坤所受之迫害覼縷陳之。意極投契。恩親王之妃。對於先生之仰重。及其感情。亦大表同意。惟關於先生傳教之事業。則僅爲不負責任之答詞曰。王於宗教。不欲迫害何人。然亦不欲發其禁止迫害之命令。全國中關於宗教待遇之道。惟以任諸地方官吏云云。

先生聞恩親王語。因爲簡單之言。以敘自己之宗教的經驗。且指摘恩親王之危險以警告之。並勸其以皈依基督教。爲切身之要務。恩親王似暫爲先生之言所降伏。然猶爲猶豫之言曰。予春秋尙富。故欲先究心西洋所有之技術。以及學識。若基督教之眞僞。則俟予知識進步後。乃可爲眞確之判別也。先生曰。子言誠然。但人生在世果可深信人之生命。必無旦夕爲神收回之恐乎。此則殿下所宜致思耳。恩親王聞而失色。遂憮然曰。生命盡於何時。予誠不能自知。先生曰。生命既不能自知。則皈依基督。自爲時不可失。若以基督教之眞僞爲疑。則基督教之眞僞。神能啟示。欲得光明之識以釋其疑。務須祈禱眞神。苟繼續祈禱。無間厥功。眞僞自能判別矣。

十四日。再訪恩親王。以基督教眞理引導之。王大悅。且於平昔所宗仰之佛教。亦似有厭絕之意。無奈先生啟廸恩親王之時。適有緬甸教師二人入見之。二人者。聆先生語。乃肆其懸河之口。以極力反對焉。

先生到阿發後。三罹瘧疾。十一月二十六日。疾愈。乃赴王宮。上書請給地建教堂。王許可。而限制以不能購買土地之條件。及地點已定。種種障碍。又由是發生。而適當之建堂場所。遂同泡影焉。

一千八百二十三年。一月二日。先生以欲歸蘭坤之意。上陳於王。王問曰。先生四是而歸其本國乎。先生曰。歸蘭坤耳。王笑而頷之。孟雜問曰。普賴司亦同去乎。先生曰。吾獨去耳。普賴司仍留阿發也。惟普賴司以溽暑將屆。阿發不甚適宜耳。孟雜聞言。以先生之去。亦爲避暑故。再爲之問曰。暑期如過。先生其復來乎。先生曰。俟有機緣。當復來耳。王莞爾而笑曰。善。且命授普賴司館。

是夕。先生與孟雜談論各宗教。爲時良久。孟雜曰。我亦認永遠唯一上帝之存在。然先生所論之基督。及釋迦穆罕默德。與其他宗教家。皆已竭力傳其眞理矣。但吾以爲其所傳者。均非神之言耳。先生叩其持議之所見。并卽其平昔之所行者而反詰之。惟孟雜則力持己意。於先生所問。祇表示以應行詳愼審查之態度。啟導逾時。終無所動。臨別猶諄諄語之曰。此誠深奥而且困難之問題。先生尙其深思。予亦當熟慮也。如孟雜者。洵可謂之有神論的佛教徒哉。

先生爲營求設堂地點。業已竭盡心力。然亦徒疲奔走而已。日者偶見一地。離王宮約三里許。接近城郭。前臨大河。足供遠眺。先生徘徊久之。以爲若得此地。亦可以稍償厥願。後查是地爲温禮（緬大臣）承王所賜以作憩園者。以爲此地又歸失望矣。然先生求地之志。仍不少餒也。乃預搆一請求讓地書函。求温禮見讓。函內聲明願以金錢若干。爲該地代價。不數日。温禮外出。先生伺隙投遞。温禮接書讀畢。微笑曰。先生固求之不倦。但此地爲鄙人私有地。不能如君請。卽或不然。此中土地。國外人亦不能以金錢得之。先生至是。乃決意離阿發焉。

然而先生丁此絕望之時。猶冀有機可乘也。無奈求見温禮。比覲王尤難。是以甚爲焦灼。一月七日之夕。再往訪之。入其室。見環温禮而坐者。四五十人。先生從容入座。有頃。温禮目注先生。先生以沃多柔司之小瓶爲相見禮。温禮接瓶大喜。乃起而問曰。先生所求之地。欲建何屋。需地若何。先生以實告之。且曰。苦無可建之場所。温禮作沉吟狀。旋答曰。需地不多。取之可也。先生聞温禮許以地相讓。感謝之情。與喜悅之色。同溢言表矣。

温禮允許假地之後。隨詳詢先生之志趣。及其職業。並暢論宗教問題。且請先生每逢

第五章　蘭坤之生活二　

禮拜日。設壇講道。以爲彼都人士。增進智識。培養德性。

一月八日。先生準備購地金。往訪溫禮。至則溫禮已與貴族數人。高談座次。因不能出金以獻。然座上客見先生至。則皆轉其頭問之雄辯。而爲眞理之咨詢矣。先生於是利用此機。詳宣主道。列座諸人。聞先生偉論。咸認眞理之光。溫禮亦贊美不置焉。然而列席者恐先生言之不詳。而侍從者則以先生久稽時刻。頗厭苦之。彼則曰。夫夫所陳。昧同嚼蠟。此則曰。彼道其所道。與吾佛教。實不相容。於是相約而散。侍從者去。列座諸貴人。亦與辭矣。座客既散。先生乃出金以獻。且謝溫禮讓地厚意。溫禮堅却之曰。吾不欲以此土地之全有權付予先生。吾決不受厚酬。吾得與先生同居是間。足矣。實不敢以此地爲美利堅之領土也。先生異時歸國。務須以我之暫假於先生者。轉而還之我焉。先生曰。此地吾不敢據有。然既承假予美意。則我若歸國。仍請以轉假於繼我而來之宣教人焉。溫禮曰。轉假亦非不可。惟繼先生而來宣教之人。若天年已終。抑或不爲宣教師時。吾卽須收回焉。先生准如所言。訂約而退。

一月十三日。先生卽溫禮假讓之地。建小屋一。託弟子一人。及其家族守之。而自己爲歸蘭坤之準備。二十四日，覲王辭行。時葉爾侍王側。王問葉爾曰。彼何爲而歸。彼與曾賴司來此。彼歸曾賴司太寂寞。必不樂居此土。慎勿使彼離曾賴司而去。葉爾對曰。彼昔孑身至此。此去爲携其妻同來。及取衣物用具耳。非去如黃鶴也。王顧先生問曰。汝再來乎。先生曰。再來。王又問曰。汝再來時。將永居此間乎。抑如西洋人之常態。或來或往乎。先生曰。臣再來時。實欲永居此間也。王悅甚。先生乃以一月二十五日啟程。舟行七晝夜。而抵蘭坤矣。

先生來緬之希望。爲在緬甸內地。及緬甸之都會。得一傳道地點也。至是而先生之希望頗遂。火扶夫妻。暨粵多夫妻之維持蘭坤教會。亦已有充實之力。先生之欲成其偉大計畫者。可以自由行動矣。先生由阿發而抵蘭坤之日。與其夫人再至蘭坤之日。相去尚十越月。此十越月內。先生已將新約聖書譯成緬甸語。復將舊約聖書從事翻譯。至一千八百廿三年十二月十三日。夫人乃再至蘭坤。閱七日。與先生携手復上阿發。次年一月二十三日。安抵緬都。此行也。可劃爲先生經歷之一時期也。自此而後。則先生熱烈活動之性質。竟一變而爲受動之性質。並變而爲克己忍耐之性質。吾今將卽先生之活動記。轉而爲先生之苦難談矣。

耶德遜

第六章阿發及翁丙拉之生活

先生夫妻應緬甸王之聘住於首府阿發。且給之以地以建宣教師之寓所。其爲緬王之力任保護。閤人所共知。卽在廷諸臣。對於新宗教亦多誠心信仰。先生播道熱心久未告成之碩畫。今將永住阿發以遂其初志矣。故當先生與夫人由蘭坤啟程再上阿發之頃。前途之炳爍。無在非眞光所照耀。舉世界上極障碍之物。皆不足以掩其光明焉。一千八百二十三年十二月十三日。先生與夫人僱小舟。乘怒號之朔風。以溯水勢最急之伊拉瓦底河而上。氣候宜人。情怡神暢。夜無盜賊之患。晝無危險之處。片帆所經。無處不有可尊可敬以嬉以遊。同荷上帝生成之人類。以與眼簾相接觸。容與舟次日閱六週。遂安抵於目的所到地。當此之時。先生胸際以爲今將監視其成熟果園而爲園主矣。

然而先生此次之至阿發。其困難之遇。亦有爲意料所不及者。蓋昔之所建。惟一小屋。簡陋殊甚。夜無以蔽寒露。日無以避驕陽。普賴司迎與同寓。而普賴司寓所搆造亦未完竣。四壁以火磚爲之。土氣襲人。氤氳如霧。靜坐其中。歷二三小時。頭腦漸重。眩暈欲吐。汗流浹背。若發熱病。迫得以舟作室。俟屋成而遷進焉。

阿發地極炎酷。每際暑天。寒暑表之熱點。恆達一百零八度。土人屋宇。多以木爲之。是以卓午前後。暑氣之烈。比火爐尤甚。先生是以以磚石搆造。所以防暑氣之侵襲也。王給先生建屋之地。雖長僅一百二十尺。寬僅七十五尺。然位置在高燥河岸之上。空氣充足。既可以供遠眺。亦可以避塵囂。先生遂以十四日之短期。成屋三楹焉。

屋成後。先生夫婦舍舟居而陸處矣。舍館既定。每禮拜日則講道於普賴司家。以促人悔改。其夫人亦設女學校。以宏教育。而就學者亦已有少女三人矣。獨惜世途變幻。瞬息萬殊。讀先生寄博爾多文一函。不能不爲先生太息耳。先生寄博爾多文之函曰。

據普賴司所云。凡前宮內大臣等均已退職。新代其任者。我等無一相知之人。而王因種種事情所激刺。對於西洋人亦示其不慊之態度。普賴司亦不得寵眷如昔焉。此次謁見。予知其一年之間。所起之變化。實亦太甚。王之前未見有我等之友人。至前爲我等之擁護者。雖求見一人之影。亦不可得。卽識我等者亦乏其人。予自此時謁王二次。未交一言。其眞心以迎我等者。惟恩親王夫婦而已。然彼亦不喜談宗教問題矣。

先生受緬甸王待遇之隆。何以忽趨冷淡。蓋因先生抵阿發之際。緬甸與內咖爾有隙。兩國軍隊屢集邊境。戰端已兆。後雖暫幸無事。而外人之旅居於緬者。緬王優禮之待遇。已受一抨擊矣。

一千八百二十四年五月二十三日。先生於普賴司家中。禮拜方畢。忽得警報。謂蘭坤已被英軍佔領。聞之者大爲激動。恐怖之情。與喜悅之情。交相往來於各人之胸際。而不能强爲制止焉。

阿發政府。聞蘭坤被佔。朝野上下。情形之狼狽。調遣之忙碌。實不能以言語形容。三日內召集軍隊二十萬人。由祁溫禮指揮。輸送前敵。前任蘭坤總督薩溫其聞報。亦回蘭坤聚合徒衆。當其時。阿發將弁。氣吞英軍。以爲驅逐出境。如虎兕之逐犬羊耳。然而緬王則慮旅緬之外國人。或乘機逃遁。致以軍情密告於英人也。於是宮中有某少年曰。試泛我舟往携六白人以來。又有某大臣之婦曰。請贈我四白人。使之管理家事。彼等

第六章　阿發及翁丙拉之生活

堪爲信用之僕。固我之所深知者。阿發兵出而外人將不能自由行動矣。

軍隊輸送後。緬甸政府開始爲旅居蘭坤外國人行止之研究。僉曰英軍之來。皆旅緬英人爲之偵探以招致之者也。時有買普千列亞多其人。適至阿發。帶有報章一紙。報上載有英吉利佔領蘭坤事。遂以嫌疑被捕縛。再三研訊。乃與果咖及若甲斯同處監禁。先生聞之。心甚不安。可驚可怖之事。遂日擾攘於胸臆。而預料其必不能免焉。乃未幾而先生與普賴司。竟同受裁判所之傳訊矣。先生到庭。問官以有無函告國情於西洋人。爲嚴厲之詰問。先生曰通信於美利堅之朋友則有之。若通信於英吉利之官吏。及丙咖爾政府。則固無之也。問官以事無左證。令先生歸宅。不爲深究。無何果咖受帳簿檢查之際。竟發見先生等在果咖手受取多金一事。遂疑先生等在果咖手受取之金錢。係由丙咖爾滙來者。因斷定先生等係爲英吉利賄買。以爲英吉利偵探。而逮捕先生與普賴司之令。突然而下。六月八日。有一官吏。手持黑牌。刑吏一人。緬人十二人隨之。時先生方在家午膳。官吏輩闖入問曰。先生何在。及見先生。卽曰王命捕先生。應縛先生反命。刑吏卽按先生於榻。出小索縛之。夫人掣刑吏腕。哀懇之曰。請止縛。

我將酧以金官吏曰彼婦亦外國人也。合幷捕之。先生曰吾之被捕。君固奉王命而來。若捕夫人。請姑待命令乃可。而夫人遂由是得免。

先生被捕時。四鄰嚣聚宅外。勞動工人如瓦匠木匠等。則棄匠具而遁。小童聞變。驚極號呌。聲震鄰右。其僕婢之來自丙咖爾者。見主人忽受奇辱。則木立若痴。惟刑吏則逞其狠威。耽耽疾視。有觸之卽噬之勢。於是緊縛先生如繫强寇。强先生令起立。猛曳而去。夫人見酧以多金求緩其縛終歸無效。乃致金於孟引。浼其禀請稍緩先生之痛苦。而不意其請託愈勞。而縛束愈堅也。

先生至裁判所時。官吏羣集。就中一人朗讀王命。卽下先生於獄。夫人由孟引傳達恶耗。知無可如何。迫得忍痛而返。諸凡一切。惟全任之上帝。前途如何困難。總望與以堅忍剛毅之精神。俾富其忍耐之力而已。乃居無何。又有土地長官至夫人宅。立於門外檐下。揚聲狂呼曰。宅中人速出來。速出來。夫人知有異。卽將書簡日記及一切文書。先行破毁。乃出。蓋夫人自英國友人所受之書簡。及僑居緬甸以來所行各事。均詳記之。茲受地方長官傳問。恐其暴露。故先毁之也。夫人出門外。長官再三審問。乃將宅內之門。悉行封閉。嚴禁出入。幷置緬兵十名看管之。然後去。

先生所入之監獄。名列託馬用。列託馬川者。直譯之即手勿畏縮之意也。凡通緬語之人。一聞此名。即隱生一特別恐怖之印象。即此名以思獄中苦況。其殘虐之光景。實有令人目不忍見者。蓋思此名。即可豫想人世間無上之苦難矣。罹此苦難。至難以忍受之時。即人面獸心。不知痛楚之流。亦不能堪。而執行死刑者。則必以其至刻至酷之手段。逞其兇暴。以施之於囚徒。蓋若輩之苛毒。亦幾不知有人性矣。

列託馬川監獄。長約四十尺。寬約三十尺。圍墻之高。僅五六尺。然四壁傾斜。其建造獨具一特別形式。蓋中之寬度。僅十一二尺。其屋頂障以薄板。而牆壁則以厚板密縫之。非值啟戶時。空氣無隙可入。地處熱帶。太陽火烈。卓午赫赫。蒸於屋頂薄板之上。而萃其氣於空氣隔絕之小窩。其慘可知。然而囚禁其中者。各國男女約計亦不下百人焉。

列託馬用監獄。其建造之形式。固特殊矣。而獄內刑具。則更有出人意表者。獄內重要刑具。最著名者為一列拷問器。器之構造。亦有似乎英吉利從前所用者。內可容十二人有餘。驀然一聲。人即納於其中。其次又有形如毒蛇者數具。所以擊處刑者之足者也。其以長而重之間木捧爲之。捧上穿以穴。納足其中。釘以木釘。使足不能動。室之中央。列小臺三。以大碗貯油。置小臺上。供入夜之用。第三刑具。雖甚簡單。然一具則甚爲怪異。其以長竹爲之。竹端以繩繫於屋頂。附以活輪。可以隨意升降。橫臥於竹上者。約四五十人。人皆裸體。狀殊慘。形容枯槁。如餓殍然。全獄中人。無一不繫以鉄索。置一脚於拷問器中者有之。兩脚均置於拷問器中者有之。獄舍自落成以後。永無掃除糞穢。食料之廢者。動物之死者。皆棄之於地。床壁之間。汚朽充塞。且烟管無數。白烟濛濛。囚人等又全不入浴。汗臭迫人。不可嚮邇。蟣虱泉湧。各囚衣服全部。俱爲所佔領。以外國人。生活於其間。其不變爲骷髏者僅耳。

每日初昏時。蒼頭入獄舍。以長竹橫貫於各人股間。七人爲一排。貫畢。卽以活輪曳竹上升。七人皆雙脚上朝。肩僅貼地。一人偶動。脚繚琅琅有聲。如風動環珮。及日既出。蒼頭復入。啟齒笑問曰。君等樂乎。巡視一週。乃下其竹。使離床尺許。斯時各囚如釋重負。失其感覺之四肢。血液始復循環。而可以蠕蠕動矣。

先生生涯。夜在竹竿倒懸中。日在脚繚琅璫中。計先生之足。共貫脚繚五對。重量逾十

第六章　阿發及翁丙拉之生活

四磅。脚鐐之制。係以二鐵環聯結之貫鐐後。此脚之踵。不能達彼脚之趾。兩脚平列。踊而行。每踊約可至二三寸。若欲濶步蹶矣。先生入此場所。膺此苦難。誠有如保羅所云。「我帶主耶穌之印於我身」者矣。

先生罹此苦痛之時。年正三十六歲。血氣最盛。其體格發育亦最善。且素來注意健康。未來緬甸之先。其關於增進健康之規則。定以三事。恒嚴守之。故雖入世間未有之苦難。受之亦不至喪其生命。爲先生所守增進健康之規則如左。

一　因廣大其肺臟。恒須呼吸多量之空氣。

二　每日必以冷水拭其全身。

三　每日必須爲規則的遊行。

先生惟嚴守此三規則。又有天然强健之體格。所以百端磨折。不足以戕賊之。先生十年之內。勉强於赤道暑熱如焚之地。熱病瘧疾交相侵襲。終不足以破壞其健康。其平時之所養可以見矣。然先生生長於新英洲清爽涼潔之空氣中。今一旦而慘痼於百度以上之熱酷。汚穢莫可形容之景況之監獄。少時居遊。安能不夢魂飛繞者。以先生少時之居遊。對照現在牢獄之苦狀。傷也何如。昔人因先生入獄之苦。特為之歌曰。「悲之極兮極其悲。方覺當初極樂時。似此詩人歌咏句。誠哉不妄信然之」為是詩者。其殆深知先生今昔之所處。而感不絕於懷者乎。

先生之性。勤敏夙成。其為人也無時不以任事為快。入獄二十一月。此二十一月中。遂不得不為怠惰之歲月矣。然先生每念緬甸語之聖經。尚未告成。其居於蘭坤十年之事業。將隨流水以去。未嘗不為之嗟嘆者。獨喜宣傳福音。必須緬語。今於無可作工之會。學習緬語。可以全力為之。於是專習緬語之心。遂熟如葉列米亞所燃之火焉。

先生素具潔癖。每觸不潔之物。神經之感覺。卽為不快之念所乘。據同囚一人云。先生在獄。凡遇鄙野者。或不潔者。輒為不懌。此殆增益先生煩惱之性質也。有此性質。而先生之在獄。愁苦拂逆之端。紛至而冐貢矣。

先生之癖性。葉米利夫人嘗論之。今試卽夫人之所言。附記之以表其大概。

葉米利夫人曰。先生偏愛清潔整齊秩序之心。實勝於情慾之念。先生生有一種都雅氣象。在他人卽善體其意。而極力以迎合之。而偶一交接。其厭惡之情。終不能禁

第六章　阿發及翁內拉之生活　七九

其突如其來者。已屢見不一見。此則於宣教師中。最爲不適當之性情也。然先生日惟保持此性。以是適於其性。及最適於其性者。欲少有所將就。亦不可得。卽此以觀。先生之癖性。卽謂之爲一種愛情。從自然發達。自然滿足。於普通性質智識而外。特具一與生俱來之特別賦予物焉。亦無不可也。微論何人。從未有如先生之無一點汚痕之阿麻布。以粘着其身者。常以粗末之物。一因物體之稍不完備。一因物質之稍有可議。卽不惜棄而遺之。先生卽於衣領所附之黑脛帶。(卽勒克太)亦無毫末之汚點。以其脛帶之軟而且弱。尚頻頻洗濯。而不使爲純潔累。其通常之服裝。清潔整齊。殆無倫比。所用之原料。雖過於樸素。與前世紀田舍翁之所用者無異。然其式樣。則純然一美國宣教師之風度。令人望而生敬。在內咖爾時。縫匠工作拙甚。人因先生服製不安苟且。咸以奇妙服裝視之。然究其實。則先生之心惟祇以清潔整齊爲度。絕不知有奇妙之觀也。先生之履。常常光澤。襪則必選其長而且白者。紐締必注意。不使未留摺叠痕。其卓上置長而且狹之木箱二。所藉以保存其清潔與整齊者。箱因卓而成。殊樸素。齋內拂拭塵埃。躬自爲之。一物一器。安置皆有定位。深夜黑喑啞囂。起而尋一至微之物。無不應手而得。其書齋無論何人。皆不敢闖進焉。

先生獄中之生活。所以激刺其道義心也實亦不少。蓋好潔如先生。與緬何政府之最惡劣囚人同起居。共飲食。以純潔之目。日覩穢垢污濁之醜態。以純潔之耳。日聆卑鄙猥褻之戲語。而可憐可矜之罪囚。叫號於鞭擊笞撻之下。復以煩悶苦惱之況。日擾擾

夫先生慈悲仁愛之至情。鍼氈之坐。何可言喻。況艱痛之極。每輒觸其家庭聚首之歡。然先生於此時。則一念及其夫人之廢寢忘餐。憂慮奔走。或告哀獄吏。或乞憐官吏。因求緩先生之痛苦。而備嘗種種之勞瘁者。腸斷心酸。又不知若何矣。

先生入牢之苦。又非僅入牢已也。將何時而受其拷問乎。抑何時而受其死刑之宣告乎。洵莫能知。且英軍以破竹之勢。日逼緬何。緬王憤懣之生。如洪濤猛激。莫可壓制。因遷怒於先生等。而先生等可危可怖之運命。恆惴惴焉懼其將臨矣。牢內驚人之聲雜出焉。以碎囚人之胆者有三。一則謂緬王將令囚人與獄舍俱焚。以洩其忿。一則謂因戰勝血祭之故。將以囚人生埋於陣地。其尤駭人者。則獄吏入夜磨刀霍霍之聲。與同囚號哭連天之聲。蓋獄吏入夜磨刀。爲預備翌日梟囚人之首。以及鋒而試也。同囚號

哭。則就引於牢舍之內。以行斬決也。牢內至可畏之時。有名爲「嚴肅三時」者。果咖嘗即其嚴肅之眞相。曲寫之以告人曰。

家內至午後三時。絕不發生何種舉動。凡吾人所出之談話。及其戲謔。俱歸消化。一切事物。如均被某強力之約制。之束縛。而不敢萌其芒末。所風發泉湧層生而沓至者。惟恐怖耳。恐怖之潮。醞釀於王宮銅鉦。銅鉦一吐其沉痛之響。全牢即寂寞如死。即有不得不發一語者。聲之微。亦幾不能辨別。全囚呼吸。俱若氣屏息絕。某日。開有戮囚之訊。所謂午後三時。即引囚徒出刑場時也。時屆。銅鉦一鳴。小門立啟。猙獰兇猂之刑吏。挺身而入。獄內全體。面色陡變。無一人尚知魂之當附於魄者。沈默凜肅之氣。充溢牢內。刑吏略一疾視。逕至運命告終之囚前。引二人去。被引者不爲何等之質問。引之者亦不爲何等之說明。惟見引之之人。以其態度。其眼光。向被引人略通以意耳。然嚴厲之表示。則較言詞之呵叱爲尤酷也。自刑吏入獄至出獄。萬籟俱寂。但聞有以「汝等用意」四字。爲刑吏訓。然此四字實令各囚心悸腦裂也。刑吏引囚出獄後。各囚之慄慄危懼者。驟爲之喜形於色。如獲再生焉。

先生處此可恐可怖之愁城。不得不遁於馬當久翁之平靜敎中。日歌其詩，以堅信德。

馬當久翁之詩曰。

生死惟汝（汝指上帝）歡心之外兮。別無所求。舍汝樂意許免之外兮。予亦不願蒙其不幸之救。予之日可數兮。從心情充滿予之憂愁。俾免其無益之思慮兮。由極苦仰望主之榮耀。數夫吾人之日兮。乃汝之定分。以之讚美汝兮。亦惟予之天職。

先生入獄以後。對於信仰上帝之心。日益壯烈。固不以苦難之感受而稍衰也。據其同囚所云。先生困處牢中。無時不以宣揚主道爲念。常發其感慨之言曰。予居牢獄。別無他念。爲予縈繞所耿耿於方寸者。惟一事之影響耳。其事爲何。即予以篤信基督敎之眞理。爲此痲木不仁之緬甸人宣傳之。已越十年。其間對於一般之朝野上下。予以良心之自由。導之維護。望之甚殷。竟亦無效以終。至於今日。舍盡人事以聽天命之外。別無其道耳。但我之生命。其獲救也必矣。然我倘獲救。我當以如何之熱心。及如何之感謝。以從事於我所應任之事。即或不能獲救。我亦必敬禮神之意志。而竭力以行之。將爲後來之人。作先導之路。俾凡有宣傳主道之責者。皆知所盡力於其應任之事而已。

矣。

先生入獄之苦況。既如上所述矣。然先生入獄後。其夫人所受之苦況。述之尤令人惻然者。當地方長官置兵看守夫人之時。長官去時日已西落。夫人乃携同校內女學生三人退居內室。嚴扃閨門。護兵大聲叱曰。汝退入內室何爲。速啟門出來。否則毀爾宅。夫人佯爲不知。護兵聲益厲。夫人止之曰。汝毋爾。汝果逞汝兇。吾詰朝將訴諸大吏矣。彼等見夫人之不可以蠻橫脅也。遽將夫人由丙咖爾帶來之二僕。縛其足而監禁之。夫人不忍。乃召護兵首領於窗下。謂之曰。若解我僕縛。免其痛苦。我明朝贈物以報。不然者。我將控汝。言之再四。護兵始允所請。然豪飲徹夜。狂呼達旦。擧止之輕躁。言語之粗率。則實無一非欲以困頓夫人者。夫人此時。於先生之運命。既未悉其底蘊。而復加以若等之譁擾。正所謂眠則去我日平和也。安靜也。亦去我心者矣。

翌日晨起。欲送食物於先生。然先生被捕後。生命如何。尚未可知。因先遣孟引往探消息。孟引歸以實告。夫人卽面懇地方長官代請內閣大臣。將先生與宣教師等。准予省釋。大臣恐先生等之逃亡也。嚴拒之。夫人至是。熟計緬甸中人。無可代爲援手者。往復籌策。五內如焚。忽憶緬王之妹。與己素習。乃修函請託。殊王妹接函。以其事爲無可致力。且於函內所言。又不甚了解。因返其函。卻所請。而營救之路又絕矣。至第三日。夫人私計。求謁貴顯。既所如輒阻。彼指揮監獄事務全部之知事。苦求之。或亦可以有濟。遂投函請見。知事允面晤。夫人往訪。具道請見苦情。知事曰。吾亦知美利堅人與此次之戰爭。實毫無關係也。夫人請赦先生等出獄。知事曰。赦則吾不能。然待遇獄囚。則我爲政。夫人曰。君卽不能赦。然對於先生等之待遇。務乞稍爲優異。知事曰。先生之身。及其他囚人。全由我意所安置。卽爾等未來之幸福。亦操諸我手。但今日之事。則須使金錢主義。且須出以祕密。舍我二人而外。萬不可洩幾微於第三者。否則吾策不行矣。夫人曰。今欲輕二宣敎師之痛苦。必如何而後可。知事沉吟良久。乃曰。爾若贈我金二百元。精巧布帛二疋。汗巾二條。我姑念汝之誠懇。試冒險阻以爲汝謀之。夫人出其所帶之銀元以予知事曰。吾所携帶祇此數耳。此處離家。殆二哩有餘。一往一來。甚不容易。請垂憐叱收。且此數而外。家中亦幷無一物。乞勿再索。知事手接銀元。爲躊躇不決狀。欲返璧者再。夫人切求之。乃强納諸懷。自知事受金。夫人得以入獄一面先生矣。然知事雖許夫人以出入監獄。而每一入獄。方與先生接談。彼冷面如鉄之獄吏。即喝令退出。退稍遲即按劍疾視。如欲訴諸武力者。惟是日之夕。知事已命將宣教師等與贈其同額之金之西洋人。移置於監獄內之一小舍。夫人得以爲各人進以食物。送以衾枕。差幸金錢之微有效力耳。

行賄知事後。先生等之在獄。略予以優待矣。而夫人之心。則以求得出先生等於虎口爲目的也。但欲免先生等之苦難。非求助於王妃不可。而王妃又不易得見。即倖賜見矣。恐一觸逆鱗。反罹不測之禍。以是之故。心若旌懸。搖搖莫決。忽憶未陷逆境時。王妃之弟之妻。與己相善。假其手以致書於妃。量無不可。忽又念昔雖相善。然目前狀況。非復昔比。昔爲入幕賓。今作囚人婦。保無不白眼相視者。況託之以事。則受若冷遇。實在意料之中。至是而間接以求救於王妃之舉。又歸絕望矣。繼念彼都人士。可以利役。指揮監獄全部之知事。尚爲金錢驅策。況若人乎。遂携帶高價之贈品。爲之介紹。以踵門詳表乞代求赦於王妃之意。其人受贈後。答之曰。汝等今日所遭。原非奇事。彼一切西洋人。豈非同茲待遇乎。夫人曰。事似非奇。而以我論之。則實爲奇中之奇也。蓋宣教師等均美利堅人。又均為宗教家。其對於所在國之政治以及戰爭。毫無關係。且承王命以來阿發。實與其他之一切西洋人。迥然不同。何得與以如此虐待。其人無以答。夫人復詰之曰。若輩受此虐待。豈理之所當然乎。其人強答之曰。王任己意為之。我非王也。我何能為。夫人更哀求之曰。爾試將若輩橫被囚繫實情。入告王妃。妃或矜而憐之。代請於王。俾若輩倖離網罟。亦未可定。且我今日之哀求於爾。則固有不得不求。且舍爾而外。亦別無可求者。我之喋喋。爾應為我諒。爾試設身代我思之。爾若居於美利堅。爾夫若以無罪入獄。桎梏縲絏。備嘗艱楚。而爾又舉目無親。所識者惟我一人。爾能無緒續求於我乎。其人為夫人誠懇所動。應之曰。汝姑留汝書。吾試以明日代呈焉。夫人留下請願書。辭而返。沿途默念。此書若達王妃。先生等定邀赦免。明日此時。獄中人可重見天日矣。不意候至翌日。政府沒收果咖財產之訊。突如其來。不逾時。又聞果咖財產之被沒收者。殆逾七萬盧布。夫人財產。亦將相繼沒收。迫得急將金銀及各器具設法藏匿。以冀戰爭即或延長。亦不至流於飢餓。又念藏匿苟疎。偶為役吏覺察。則先生等將瘐斃於獄。已亦將流為餓殍。夫人於此。悽慘彌增矣。

藏匿甫畢。北門宮知事之會計官。及其他貴族等。帶從役四五十人。擁進夫人寓所。以王命籍沒財產。告夫人。慇懃招待。饗以嘉餚。幷獻瑞託米託（炸肉）。會計官等感夫人之優待。僅令役吏三人。書記一人。入宅檢查。餘均令俟於門外。役吏等以沒收別人財產之嚴酷手段爲夫人告。且爲之辯曰。此王命也。莫可如何。會計官則詰以金銀寶石之所在。夫人曰。金幣寶石固無之。而儲藏銀幣皮包之鍵則在此。請從所欲爲而已。役吏等聞言。即將皮包携出。啟之。權其銀幣。夫人曰。此銀幣乃美利堅基督教徒所醵金。爲建築教堂。及我輩傳道人之衣食而寄贈者。今沒收之。果正當乎。夫人之爲此言。蓋知緬甸人素不直於奪取宗教上之餽獻品也。一吏答曰。我將爲爾轉陳於王。王或亦返汝。汝毋恐。然汝之銀幣。祇此數乎。夫人曰。此家盡爾曹物矣。盡窮搜之。吏曰。爾之銀幣。殆預存於爾友處乎。夫人曰。我友均入獄矣。誰復爲我寄存者。吏乃入內檢查。傾筐倒篋。凡美刺人目以及珍物。下而至於陳舊衣服等。悉取出。以定沒收與否。夫人曰。舊衣賤物。均入王府。適辱王耳。非珍貴品。請姑置之可乎。吏韙其請。於自己之不以爲寶重者。悉登記於册而置之。書籍藥餌亦然。他如夫人承人餽贈之用具搖椅。及具有價值。而爲吏之素未經見者。亦皆以夫人之請。棄之而去矣。

吏搜索去後。夫人以請願書之故。急訪王妃妻弟。覬其人。叩以書之效力。其人爲冷淡之度曰。汝所託。達王妃矣。然妃謂宣教師既不處死刑。書中所請。置之可也。夫人聞言。以拯救之策。又歸絕望。乃悄然以退。遲至獄。欲以轉達於先生。又爲獄吏拒絕。奔走數日。始得一允爲通訊於先生者。書數入。皆被發見。通訊者亦以是獲罪。受鞭笞而繫其足。夫人爲入金二十元贖刑。始得赦。然已受苦數日矣。

吏沒收事畢。呈登記簿於王而奏曰。斯人誠宣教師。臣籍其家。除宣教師品物外。別無所見。現存於其家者。俱藥品書籍衣服等類。然均已詳記於册矣。沒收與否。謹候。命王曰。姑置之。然財產亦當另存。俟明其無罪。然後返還之可也。

當吏役沒收財產時。會計官聞先生入獄之後。得以移押別舍。實以行賄於知事與獄吏故。因以詰之夫人。夫人據實告之。知事得賄事發。大爲震怒。擬將囚人盡返原獄。以洩其憤。翌晨。夫人入見知事。知事赫然曰。爾何故以贈金之事。轉告於會計官。夫人曰。彼爲我詰。我安能不以實對。知事曰。對以未贈於汝何損。汝胡陷我於罪。今而後。彼等運命。我不敢知矣。夫人曰。吾宗教中人。與爾等異。即按劍而立吾側。逼以出一僞言。吾不敢也。時知事之妻。適立於其側。聞夫人言。因爲知事諫曰。處患難之際。而不肯以僞言免禍。此人妾誠重之。請勿以此爲若人咎。夫人隨以由英吉利得來之眼鏡一雙贈知事。且爲哀懇曰。乞勿以我故。虐待獄中人。君所損失。吾願時贈物品償之。知事怒稍解。乃曰。爾僅代爾夫乞免足矣。今以爾請。姑勿返爾夫於原獄。他囚則爾毋過問。夫人力爲曾賴司請。終罔濟。

居無何。拉托大（裁判所）忽傳夫人入訊。至、使立階下。雜數百人衆中。裁判長厲聲問曰。予有事問汝。汝以實對。予不汝責。否則爾之生命危矣。今有以爾預藏寶石一串。金剛石耳環一對。銀茶器若干件於緬甸官吏之手來報者。汝其直供無隱。夫人曰。無之。若有能示其所謂預藏之物於我前。我死無悔。裁判長再懾以威。迫令直陳。夫人不爲動。惟苦求出先生等於獄而已。

夫人自被王妃拒絕請願。已呼籲無門。然以王妃之義妹。或尚可以情動也。奈訪詰頻煩。王妃之義妹。亦閉門不納。因轉而求救於顯宦之門。旦而往。暮而歸。凡七閱月。無或間斷。見之者。憫其苦。感其誠。竟有數人。贈以食物者。且有於緬王左右。力白先生等於戰事絕無關係。然而英軍捷訊接踵而來。則雖有勢力者。亦不敢於王與王妃之前。爲先生辯護也。

此七月之間。先生等所受虐待。難僂指數。金錢被奪。布帛被奪。卽一巾之微。亦被攫掠。書函來往。固禁投遞。卽進食獄內。非給以多金。亦遭禁阻。夫人之入視先生。非至夜分。不得一面。漏繞九下。又被驅逐。以至冒露夜行。疲困憂傷於六里餘之長途者。不知凡幾焉。

夫人於此。勞憊極矣。然苟得能爲之援手者。願亦稍慰。乃緬兵每出輒敗。幾無爲王倚重。可以進言於王之人。惟榜德蘭統阿拉干一軍。虜英軍三百人。威震全國。王特召至阿發。待以殊禮。夫人知榜德蘭之可言於王也。往求之。榜德蘭允所請。惟約以蘭坤征討功成後。始爲致力。至是而夫人之希望。又成泡影。日惟贈物於長官及知事。哀求優遇先生等耳。

一千八百二十五年一月二十六日。夫人生一女。以馬利亞名之。

第六章　阿發及翁丙拉之生活

榜德蘭之向蘭坤進兵也。風發泉湧。氣吞英軍。乃刃甫接。竟一敗塗地。英軍乘機出蘭坤。定波勇。榜德蘭敗竄。緬廷震駭。因遷怒於先生等。移押內部獄舍。人各加扣足鐐五具。衾枕亦被獄吏掠奪。夫人聞耗。急訪知事。知事適外出。轉至獄。不得入。夫人於此惶遽無似。聞知事入夜方返舍。守候之。知事見夫人。默不一語。眉目間。慚怒之色並露。夫人曰。君今日之待我輩。如慈父母矣。我輩之負君周多也。然君實爲我輩唯一生命之綱。君能爲無罪之人。緩其痛苦。卽爲我輩最後之恩人。君前謂卽受王命。亦誓不殺害我夫。今加以重刑。究爲何故。知事聞言泣下。蓋其天良爲所觸也。有頃曰。予固違汝願。然予本非欲增囚人之痛苦者。予所爲。汝不及見耳。今悉爲汝告。王妃之弟。以殺盡白人命予者。蓋已三次。予惟置之。今與汝約。縱加刑於他囚。亦決不刑及汝夫。汝毋恐。惟現在之苦況。則斷難解免。汝哀求亦徒然耳。

先生等既入內部獄舍。緬兵敗愈甚。榜德蘭死。朝野惶悚。繼其任者又爲闒茸之巴康溫。以至戰事益不可問。而囚徒之受虐益酷。遷押逾月。先生竟罹熱病。使久羈是中。生命難永保矣。夫人因於獄舍垣內。建小竹屋一。請以病故。准先生移居其間。並准夫人隨時出入。爲之看護。知事憐而允之。夫人之隨時出入。雖得知事許可。而犴門啟閉。權在獄吏。吏刻薄殊甚。求啟門。恒多留難。然此後進食。逗遛多一二小時。彼亦無如之何。則以知事之准夫人爲之看護也。殊病勢日劇。閱三日。以早膳進。先生返其膳。夫人彌戚戚。憂悲交集。而知事忽又遣使促速面會。時夫人不知知事之以何事召也。胆幾碎。及見知事。祇詢以鐐鐐之作用。餘無他事。至是而心始安。

旣見知事。鬱鬱而歸。甫及門。一僕飛奔至。戰慄言曰。白人囚徒。悉運以去矣。夫人聞報。至門不入。急返身走訪知事。知事曰。事誠有之。然吾實不能爲汝告。夫人卽出街上。冀遇先生等於途次。乃沿街追逐。竟影杳踪沉。逢人叩問。亦無有爲之應者。惟一老婦指前途而給之曰。汝尋白人囚虜乎。囚已解往阿馬拉普拉矣。急循川上泝。倘或一見夫人如所示。循川邊長堤。忙馳約里許。亦無白人之影。知爲所欺。有表同情於白人者。赴刑場覓之。亦無所見。迫得轉訪知事。知事曰。政府之移白人於他所。予今早尚無所聞。汝歸。予始知之。但政府之意。終難懸揣。可否營救。予試爲汝使人探詢。然汝之爲汝夫奔走也。亦既智盡能索。心疲力竭矣。汝亦惟珍重身體已耳。夫人聆知事語。肝膽迸裂。從前百計請託。似已付之東流。傷何如之。然吉凶雖未可知。而夫人求晤先生之心則愈形迫逼。是夕。決意往阿馬拉普拉。遂乘夜返宅。以爲之備。

知事見夫人臨別情形。恐怖不可名狀。且宅在城外。以驚魂不定之人。夜行郊野。心爲惻然。乃使乘車。并命僕啟城以俟。夫人是晚返宅。夜已深矣。翌日天甫明。再復返阿發。向政府請給旅行券。携其生徒三月之馬利亞。及緬甸少女三人。前往阿馬拉普拉焉。是日也。暑氣正盛。舟行約二英里。尚有可以蔽日之具。舍舟登陸。則皆僕僕於火燄沙塵中矣。乃驕陽炙體。艱楚備嘗。至達裁判所。而囚人等之轉移於翁丙拉者。竟已於二小時前出發。夫人因飭車前進。車夫以炎炎可畏。且馳驅已越四英里。難再勝任。苦况約一小時。仍屹立不動。而前達翁丙拉之心。又刻不容緩。於是不得不另僱車夫焉。及至翁丙拉。載瞻獄舍。其建築不知始自何時。惟見垣墉倒裂。棟宇將傾。有緬人七八輩。忙編木葉。徧蓋屋上。以蔽風雨。獄外有小阜一。白人囚徒。以草索連繫之。每三人爲一束。枯坐地上。垂首屛息。幾無生氣。先生見夫人至。張已閉之目。斷續言曰。汝來此何爲。在此終與世長辭矣。我願汝勿來此也。夫人覩其狀。聞其聲。心如刀刺者久之。是日薄暮。夫人疲極。且隨行各人。又均飢甚。因於附近求食物。并尋棲止場所。乃遍覓之。竟無所得。乞於獄吏。哀懇多時。始允假一小室。然室固狹而陋。汚而穢。以作寓所。誠非所宜。而夫人起居其間。殆六閱月也。

夫人之訪先生於翁丙拉。其悽慘既如上所述。而先生之被遷於翁丙拉。其慘更有不忍言者。今試爲補述之。夫人前送早膳時。方出獄。忽一獄吏闖入先生獄室。執其腕。强引以出。去鍵。用草索横縛腰際。與二囚聯繫之。引之裁判所。隨由裁判所遷往翁丙拉。應用物件。悉被奪去。衾枕靴帽之屬。無一存者。移解時。正値五月最酷之候。而時又爲午前十一時。是以行僅半英里。而足已大腫。半英里外。遇一川。涉而過。插足中流。苦更難忍。惟以一種宗教觀念力禦危殆。僅得無事。然以赤足强步八英里之熱沙礫石中。比之蹈於熾炭上尤烈。故足底皮肉。悉行脫落。加以熱病方染。連日不敢進食。以衰弱之軀。歷險難之境。此其情況。誠難以筆墨描摹。幸初行一二英里時。扶買普慶列阿多二人之肩。左依右倚。尚可强支。久而久之。氣喘腦暈。搖蕩不定。已將顚仆。忽果咖之僕。

第六章　阿發及翁丙拉之生活

追踪而至。覩狀。急掣頭巾。擘爲二。一予果咖。一予先生。先生卽以破巾裹足瘡。扶僕背。忍痛緩步。始得以抱病之身。抵翁丙拉。爲然而倒斃於途者。已有一希臘人矣。彼希臘人方出獄門。尙是無恙。奈體胖甚。不良於行。行烈日中。尤艱困。是以行數十武。輒蹶。每蹶。役揚鞭猛撻。曳之起。初三五蹶。猶能以鞭迫之立。行約二英里。則鞭笞屢下。亦殭臥不動。役載以車。送裁判所。不及二時。而希臘人魂離魄去矣。拉兒溫見囚人之苦。有至於道亡者。准在所暫宿一夕。若無希臘人之死。則卽日當抵翁丙拉。果如是。則煩惱之脫。又不知誰屬矣。旹在阿發。曾風傳謠因於此。將與獄舍共焚。及至。見獄舍亦從事補葺。各囚之心始安。夫人之至。則各囚抵舍二時後也。

夫人之赴翁丙拉。攜馬利亞以行。并以緬人滅利罰保抱。乃甫至翁丙拉。馬利亞竟患天然痘。夫人雖精理痘症。然照料先生。看護病女。一身已爲兩用。况是時該處天然痘大行。夫人爲獄吏子女。施其手術。皆獲奇效。遠近哄傳。送兒童以求種者。又無虛晷。差幸先生康健漸復。斯較在阿發時。心爲稍安耳。然而食粗末之物。居汚穢之家。又復勞頓過度。竟染病。遂返阿發暫養。殊至阿發。病益劇。自以爲無復生望。急回翁丙拉。蓋欲近先生側。當易簀時。得以與先生永訣。而先生亦得以親見之也。

夫人既返翁內拉。病益殆。困臥兩月。身不能動。幸有由內咖爾帶來一廚役。名可克者。入內助理各事。執爨而外。每日必準時刻備食物以入饋於先生。歸即為夫人看護。有需奔走遠方者。欣然前往。暇即預理翌日飲食。辛金酬報。絕不計及。夫人家事。無鉅細。皆力任不辭。至夜深猶未暇飲食。習以為常。使當時非有可克其人。夫人之苦況。又不知若何矣。

巴康溫繼榜德蘭督師後。無何。以畔逆論罪。定死刑。特旨命王弟繼任。而戰事仍每出必敗。緬王知兵力之不足恃也。乃遣大臣二人。詣英軍議和。卒無成議。兩軍依然對峙。然而先生等放免時機至矣。

某日。北門宮知事。遣人告先生曰。放免之命。昨夜已下。至夕。先生果受王命。以翌晨出獄。於是急整旅裝。獄吏等以王令中無夫人名。謂夫人不在放免列。務須抑留。夫人曰。我非囚人。何待放免。汝輩亦何得阻我。強爭之。終無效。先生溫語求之。且舉其在阿發攜來所餘之糧食。悉畀獄吏。始准啟行。於是先生以警備護衛送往阿發。夫人則從別路而歸焉。

先生之得出翁內拉獄。非有感情以厚結於緬政府。亦非有威權足以懾伏緬政府。且先生之入緬傳道。雖以絕不干涉政治上之關係。爲始終所最注意之點。而緬人之致疑於先生者。則深以爲英軍之入緬。先生斷不能認爲置身事外。而宗教家之名譽。亦以此之故。因而危及。故緬政府亦非敢信任先生。茲之權准出獄者。不過以肩任議和之人。必以先生爲舌人耳。警備送先生至阿發。許以暫寓已家。閱二日。給金二十元。飭送至馬勇逗遛。馬勇時適六週。英軍之住紮曾湧者。直向北方長驅大進。緬王以英軍之再進。命復送先生返阿發監獄。先生至阿發。以與家人別時已六週。家人之現狀。未審其有無變異。乃紆道引經自己門外。至則熒然燈光。猶自內出。因請以五分鐘之時間。暫入家內一顧。乃訴以情怵以威。賄以貨。護送者均不爲之俯允。於是阿發監獄。又增先生一人矣。

翌日之夜。孟引訪先生於獄。先生以妻兒近狀詢。孟引曰。現確無恙。孟引爲此言時。容帶愁況。先生微窺而竊有所疑。然以孟引之來。必爲妻所遺。則無恙之告。非無可信。必亦稍慰。殊孟引臨去。不安之態。竟以無心流露。先生私忖之曰。我以家事詢彼。彼明吾以無恙。茲而微露不豫之色。其關於夫人之身者。或有重大事件。彼不敢爲我直白者乎。忽又轉念曰。若有意外。孟引亦必不我隱。夫人諒亦無勞我憂慮之事也。繼又念孟引面明言夫人欲來面會。請於知事者業已兩次。然彼爲此言之時。何以欲吐而茹。欲茹而吐。竟似含一無限之隱情者。繼而自言自語曰。孟引來見之時。夫人必獲平安。吾之憂疑何由。祇自過慮耳。於是忽而生疑。忽而自慰。疑與慰互爲相乘。遂徹夜達旦。耿耿不寐焉。

先生之疑慰交乘。以離阿發時。夫人之病軀日劇也。當先生離阿發時。夫人健康日就衰微。又以乏醫療術。故熱病益烈。以至知覺全失。事物不辨。顏面四肢。腫脹異常。髮亦盡行割去。因將後事。悉爲決定。其愛兒亦已託養於葡萄牙人之手。如癡如夢。如迷如惘者十有七日。至普賴司出獄訪至。生機岑寂已二小時。所未息勞者。惟艱辛之呼吸。僅留一息耳。

先生再歸阿發。夫人之健康。尚未回復。欲於室中緩步。亦須支杖乃起。迨聞先生歸阿發後。過門亦不准入。又間以三人護之。擁出王宮。復入監獄。而送往翁內拉之謠言。又喧傳遠近。以久病未痊之身。重以憂傷陡集。卽時氣爲之絕。逾時復甦。乃遣孟引往見知事。請盡力爲先生斡旋焉。

當此之時。夫人之苦痛。莫可形容矣。然夫人常語人曰。

我覺祈禱之價値。與祈禱之能力。正在此時也。我病在榻。既不能起。以祈禱之故。而我心獲安。我至病殆憂深。不能動作之際。我惟誦「在煩惱之日呼喚我、我必聽之、且歸榮於我、」等句。以祈無所不能之上帝。上帝此時。亦以所約之言。深入我心。且覺其力甚强。我於是知我之祈禱。上帝必有以答我。并深信上帝必有以拯我。我是以雖處極憂患煩惱疾厄之境。而心亦不爲外遇所縈擾也。

先生再入阿發監獄。知事爲先生寃之。乃請於政府。願自立於保證地位。以證明先生必無干與英軍之事。而求赦先生。先生因得以不必復往翁內拉。且令看管於知事之家。以受知事之優遇焉。先生嘗自敘其入獄之始末畧曰。

予於一千八百二十四年。六月八日。因緬甸內咖儞間生隙。遂被捕縛。始下普賴司於獄。繼捕英吉利三人。美利堅一人。希臘一人。計囚於阿發監獄者十有一月。此十一月中。鐐足梏三對者九月。鐐足梏五對者二月。以予目擊之光景。與所受之困苦。幾已葬於黑暗之中。其後移監於隔阿發十哩之翁內拉。慘尤甚。同行有希臘人。因虐待太酷。死於途次。我等數人。亦累日不能動。已與死鄰。廑緬政府之意。移我等於此地者。欲以我等充軍陣之血祭也。建議者旋以不名譽之故而死。我等死刑之執行。得以中止。羈翁內拉六閱月。每人各鐐以足梏一對。至六閱月之末。乃去足梏。使爲舌人。而以嚴重警備監視之。以送於馬勇所駐之緬甸本營。再閱三月。復歸阿發。得北部知事孟秀龍力任保證。始獲放免。予與孟秀龍共處。僅六週耳。以英軍向首府進發。事機危迫。再遣普賴司博士爲二次媾和談判。強予偕行。方脫桎梏。然予亦務欲拒之也。我等見緬軍終非英軍敵。乃貫最後之條件。以歸緬甸。時予以同囚均已省釋。且又遭緬政府之厭惡。而討生活於囹圄中者。亦逾二十一月。乃力請許偕吾妻以去阿發焉。

第六章　阿發及翁內拉之生活

先生被看管於知事家後。翌日早起。方呼吸清晨空氣。忽一介自知事來。告以王令釋放。先生感知事之殊遇。聞放免之喜訊。踝之疼痛。頓爲忘之。竟以二年內未嘗安行之足。迅步以歸可愛之家矣。將及門。扉已洞闢。如爲先生迎者。入於其寓。人面全非。無從認識。惟見一肥碩之緬婦。半裸其體。踞坐於石炭桶旁。膝上抱小女孩一。孩身殊穢。然諦審之。則酷肖愛女馬利亞。先生僅一顧。急入別室。室空無所有。惟短榻之側。橫臥一人。勢欲傾跌。病狀蓋掩常態。辨別較女孩尤難。趨前熟視。容顏蒼白。頰顴尖削。骨逾柴瘦。枯如槁木。光艷之髮。不留一絲。惟以布製小冠。覆種種上。而冠亦非甚清潔。此中零落慘況。即能以畫描之。亦不能以言表之也。有頃。病者微轉側。似若覺有人之近其前者。微張倦眼。遽爲若斷若續之聲曰。噫、若其生還耶。言未畢。四目相視。淚如泉湧。斯時敘契濶。追衷臆。惟藉洋洋珠淚耳。

先生等既脫阿發虐待。從前沒收之一切財產。亦悉被發還。感謝神恩。莫可紀極。廣播神旨之希望。遂愈踴躍於懷。而不能自已。因與夫人等。急返蘭坤。求遂厥志。是夕也。清風明月。蕩漾於伊拉瓦底河中。中流容與。意趣殊暢。惟念此行。必經緬軍營前。恐不無阻滯。而果也。夜甫半。緬軍出而抑留者。竟至二時有餘。且語之曰。非至曾賴司歸來不相談判結果確定。不能放行。先生無可如何。欲逕行解纜。又恐遭不測。返復懇求。乃蒙允許。

緬軍既准前行。於是心乃晏然。揚帆以去。舟行達旦。東方甫白。遙見蒸气船濃烟隱約。始幸虎口餘生。得入文明世界圈內。滿心謝主。與滿心喜悅。同時並集。無何小舟泊岸。英軍葉陸軍少將等。均到船慶祝。且請至彼船。以盛歡待之讌。翌日。英大將薩阿漆博多獎別爾曲盡周旋。敬禮備至。通欵曲後。乃順流而下。直赴羊大波之軍營。蓋是處與羊大波軍營相去尚數里也。至則大將等已預張天幕。以為歡迎待遇之隆。殆有親切如父。先生與夫人等寓羊大波時。夫人回憶當時之事。嘗自語曰。

我等對於獎別爾大將感謝之情。誠有沒齒不忘者。我等之得放免。財產之得返還。既皆仗大將之力。其後復慇懃欵待。為之力除前往蘭坤之障碍。此非與吾等以不能滅沒之印象乎。我等受英軍上官之優待。與受緬甸政府之虐待。比而衡之。何齊霄壤。我等今之優游於英軍營內。在當時念之。應不敢謂此生之再有此極樂生活也。我等今不受緬甸政府權力之支配。而蒙英吉利政府之保護矣。每一念及。靑之不能不刻刻鐫於吾心者。倘直表我等之感情。殆可謂主爲我等所與之恩施。欲報之德。昊天罔極矣。

英緬平和條約已成。戰事宣佈終結。復閱二週時。先生乃去羊大波。返蘭坤宣教師故宅。先生之離蘭坤。是時殆二年有二月矣。既返蘭坤。夫人嘗自記曰。

我等僑居阿發。飽飫種種險難。今何故而許我等去阿發。我等而竟可去阿發。將來或結如何善果。誠未可知。然內咖爾友人。不嘗忠告我曰。戰事若終。猶當居留彼都乎。今何以背約言。離良友。返心自問。以「導其所步者非所步之人間也」等語答之。別無可以對我友矣。然我等入虎狼口。竟慶生還。此後必克儆夙昔之志。必由無習坎之虞。於傳道事業。倍加發達。蓋可想而知也。

先生雖返蘭坤。然在阿發之所遇。往往觸而卽動。其後數年某日。與二三同志會晤室內。論道談心。極官能之樂事。先生忽謂之曰。

今茲樂趣。在座諸君實無評判之資格也。予於箇中。有至樂焉。瓊月光霏。珠露寂門。皎潔皓素。互照於伊拉瓦底河流。與妻挽手。並肩舟際。愛兒半睡。橫臥膝上。徐吹微波細浪間。形迹雙清。幾不知有人間煩勞事。諸君試神遊之。果可生若何感覺乎。此中佳勝。諸君諒難領取也。若微領此樂。非有二十一月間之資格不可。予每於朋輩歡敘之時。回首此最快之感觸。殆不知悲之何以從中來也。然當其時而默揣天國之奚若。眞價値可因之定矣。

先生性質。素非不靜。其所以優於人者。則以有熱心。不失希望。且富於忍耐也。丁危苦沓至時期。因絕望之反動。對上帝之信仰。及抱持之主義。尙未達圓熟機運。實不能全爲自由之人。然其活動的精神。未嘗因而窒抑。故於獄內苦痛之搖撼。賁育之勇。精神亦不能支。而先生日與苦痛戰。毫不爲敗。自此而後。微論遭何挫折。其活動之精神。與忍耐之能力。皆若爲相當之防衛者。即其愛兒馬利亞。永瘞於內咖彌灣內時。亦不足以灰其心也。

先生之富於忍耐。可於先生自述在獄之景况徵之。先生嘗述其在獄中最賊其忍耐之時以語人曰。

入獄之某夜。夜旣來矣。而與夜俱來之休息。乃不來焉。休息其竟不來乎。抑偶然不來乎。抑至於此時。已不應來乎。明朝三時。西洋人悉處以刑之風說。傳遍獄內矣。此風說之效力。非隨自然之氣質而動。乃爲一切變形之信仰之原理而生。故膽壯者頓使之怯。膽怯者轉使之强爲。予於此時。別無愁緒。所恨者不能向愛妻話別。而遽辭塵世。此念無可排遣耳。繼思傳語無人。此念亦歸寂寞。然而冥想之情。終爲感情之潮所鼓盪。而吾妻於此長別未別之電掣時刻。忽而再至之念縈繞。繼又念吾妻而果忽來。知吾生命告終。其痛未知何似。則再來反不如不來之爲愈也。繼又念吾妻果來。親見緬人對我之待遇。如是其尊敬。因吾磊落灑脫之概。適異於婦孺之聞死輙怖。而見者贊美。則必導我載天國之榮光。且省我桎梏之慘酷。彼或亦於悲極之中。轉而起一慰藉之念。則吾妻亦不妨於此時再來。繼又念彼苟遺我於英軍。以爲媾和談判。因得入於英軍保護之下。我之幸福。又當何如。思至是點。而我之刑期已迫。我當感謝上帝之言。又似忽於我之腦海中默提我耳者。我於心中遂遽爲誠摯之答詞曰。死刑行之於清晨。我應及時感謝也。繼又念我赴刑場。倘過我之家門。與吾妻爲最後之贈言。吾妻保無痛不欲生者。忽又念英緬戰事。英軍迭傳捷訊。今而後。緬甸政府。妨害基督教傳道之政策。或亦亟亟悔改。思至此。而我之頭腦。如秋水之澄。精神亦極平靜焉。殊此念一發。而攪我叢雜之思潮者。又增一波矣。所增者何。則翻譯緬甸語之聖書稿也。翻譯緬語聖書原稿。入獄時。恐遺失。什襲枕內。携與俱。迨移押翁內拉。衾枕等類。均爲獄吏强奪。此枕而入於吾妻之手。則稿幸獲保全。然使其即入吾妻手。吾妻以其爲枕也而置之。至數年後始行發見。則霉廢蟲蝕。傳而不全。亦歸無用。（先生入獄時。置緬語聖書譯稿於枕內。移押翁內拉時。衣服枕衾均被奪。奪得其枕之獄吏。剖枕外繫。見其內摺叠甚夥者。祇係棉布。以其爲無用物。棄之。先生被解後二時。流引至。見白人已他徙。所留紀念物。惟敗枕一。物以人重。拾之。歸遜數月。注意檢視。見其中藏稿數頁。詳審知爲先生翻譯緬語聖書底本。珍襲逾恒。而緬語聖書之一部。遂得以留存。然其時先生固未之知也。）往復予懷。方苦隱衷之莫訴。而急如電。利爲劍之客感。忽無端而參雜其際。則最後之時既近之念也。刑場何所。雖未可知。而去此必不甚遠。斯時同因之人。均以森嚴之氣。待未後之三時矣。予見囚衆。默不一語。乃鼓勵各人。爲公共之祈禱。始而合衆公祈。繼而予

第六章　阿發及翁內拉之生活

第六章　阿發及翁內拉之生活　一〇八

一人獨祈。又繼而各人皆相繼獨祈。次第禱畢。獄中又萬籟俱寂。幽墳古壙。猶時聞唧唧作響。而獄內則惟覺秋肅砭人。霜威襲骨耳。蓋此其時各人皆強留其欲別之魂以爲須臾之待之時也。不轉晌。東方白矣。獄吏入矣。遍視同囚。不知何以若生氣之全無也。獄吏覩狀。且謔且笑。以勿屑去三字示之。同囚頓如夢驟醒焉。然獄吏雖示以勿屑去。而慮仍如故。每閱一人。皆蹴以竹。蹴之不已。且強曳其鏈。聲戛戛然。又即五對之足鐐。猛力擊撞。使之鏗鏗鏘鏘。如叩金鏞。直不知人之血肉之不能與鐵敵也。是以肉之被磨擦者。比錐刺爲尤慘。而各囚之足。篆刻斑駁。雖經巧匠之雕鐫。無此美觀焉。

其後數日。夫人忽托孟引送食物至。予一見輒驚。知夫人必抱病不能親至。乃以委孟引也。然難言之苦。固不敢顯露於孟引之前。而情則又不能自禁。念夫人以予之故。含羞忍辱。受凌侮於野蠻獄吏之手。而復以尊嚴之態度。高貴之品格。感化獄吏。令見之者。皆奉以無冠女王之譽。夫人之苦。亦難以言喻。今以奔走役擾。憂傷刺擊。至不能親至吾前。傷何如之。予因夫人之不能親至。肝腸幾迸裂矣。寸衷幾何。已全境爲悲傷佔領。滂沱涕泗。無地可容。不覺潛爲以出。而幼年天倫團聚之樂。若爲予憐。忽掩映於眼簾中。以爲予慰者。少小迴首。嚴父也。慈母也。眉目娟秀之嬌妹也。頭角峥嶸之弱弟也。羣集於晝食之桌。予亦參列其中。雍容愉快。胡可擬議。今若此。昔吾夢耶。今吾夢耶。垂頭膝上。若凝若迷。而不意枕腮之膝。遽失能力。蹶仆地。重鍵索索。頓觸耳鼓。而四圍慘怛之光景。又不知何以條復舊觀也。轉視孟引。懣態迫人。珠淚熒熒。奪眶而出。遂以食物交於同囚之手。蹙額俯首而去。孟引去後。其悲之較我何若。我無從測矣。

以上所述。先生在獄中。最賤其忍耐之力之時也。但先生忍耐之力。先生既自述之。而夫人之堅忍。則夫人固未嘗爲人縷述者。然觀「阿發冒險」一書。亦足知其概略。是書之出。在於一千八百二十六年。而著之者。英吉利士官名加爾底江別爾者也。加爾底江別爾以副官滯居阿發。日者乘其滿載緬甸人之獨木舟。下伊拉瓦底河。舟子盜也。以殺人越貨爲事。乘江別爾夜深熟睡之際。刃傷江別爾。奪其所有以去。江別爾身受重傷。旅裝盡失。因忍痛徘徊岸側。以待拯援。注目久之。遙見一葉扁舟。輕搖兩槳。乃發號求救。冀全生命。至則先生與夫人等由阿發而來之船也。江別倆既幸更生。乃就其所遇。爲書名「阿發冒險」以表於世。其書畧曰。

予遇難時。登岸待救。忽一舟由上流至。坐於舟中者。予眼先見一白人之婦人。予見白人之婦人。一年有餘。其羸瘦之體。羸瘠之姿。固未有若是其甚者。然觀其態度。藹然可親。肅然可敬。一接目而知其積學者也。婦人以臥病新起之身。倚於抱病未痊之士人之腕。彼士人者。其殆婦人之兄弟乎。否則應爲其夫。然就士人之服裝觀察之。則士人之爲宣教師。有可斷言者。婦人之音溫而雅。和而婉。聆其聲。我少年時在家庭所習聞之讚美歌。如入我耳矣。我於是以帶裹我傷。暫爲休憩。隱臥舷側。欲訴苦臆。而驚恐過度。氣未復元。心欲訴而口不爲達。惟勉强求恩惠於此撒馬利亞人之前。冀復我之健康已耳。婦人惻然憫之。强飲我以酒。且爲柔弱之聲曰。雖與以酒。勿使之醉。予聞其言。感激無似。受而吸之。氣力漸充。言語克自由矣。舉目見此婦坐於美利堅所製之搖椅上。身材雖小而倜然。秀雅溫文之致。斯世殆罕其儔。婦人脚下臥・嬰兒。婦之日常常洋之。彼士人亦常以最真摯之愛情與慈懷之微意流視婦人。而婦人則顏色憔悴。形客枯槁。質體脆弱。軀肌之現象。似無甚生氣。若將就木者。然而莊嚴之致。强固之力。充溢眉宇。其眞精神眞面目。則又不以血氣形色掩也。吾承飲以酒後。休息片時。爲士人與婦人道謝。遂詳詢其姓氏里居。始知我之所擬爲宣教師者。蓋卽傳道緬甸而久受緬甸政府殘暴監禁之耶德遜先生。其婦人卽因先生横受緬政府之殘暴監禁。而連累以久受難苦。極堅忍困難之耶德遜夫人也。

我與夫人等。同居二日。此二日之間。承教導。蒙安慰。獲益良多。而夫人間以其寬閒之晷刻。爲我畧敘入緬宣教。及在阿發被虜往事。一言甫發。而夫人數年來。爲宗教主義而戰之熱心。與在阿發翁丙拉等處備嘗殘酷縲絏之恥辱。及馳逐求援。百計營救。出入險難之磨折。其所爲驚心動魄者。我雖聞而知之。亦已如身親之矣。嗚呼。夫人之所遇。殆如柔花弱絮。飄蕩於凄風苦雨之中。奮萬難措拄之力。保其短促之生命於浮世者乎。以纖纖弱質。冷而垂死之手。竟能扶持幼者賢者。罹兇妄者。安全於九死一生之際。而横暴不能挫。貪黷爲之化。慘無天日之陷阱。無所施其兇。吾服

第六章　阿發及翁丙拉之生活

其才。欽其智。而堅忍之德。尤令吾笵金以事也。吾以異地飄零。遭逢不測。吾苦亦難以備陳矣。然盲風怪雨。突如其來。而偏於窮苦無告之時。幸親夫人道範。吾心亦可以稍慰。是以二日以後。與夫人等泣別時。實爲我極悲哀之日也。告別之頃。夫人向榜人等指揮各事。示以前途之照拂。懇懃盛意。我知颶洋斷梗中。必無有可爲之比擬者。我以已衰之溫顏。再見必將無期。而兒女沾巾之態。遂欲强制而無從耳。然夫人或亦未之知也。吾遇盜被掠之事。夫人等於情遷事過。爲胸臆之流滯否。吾不敢必。而吾於夫人等之殊恩。則固銘心鏤骨。爲獨惜英緬兵事結束。而後夫人與其嬰兒。卽相繼魂歸天國。以吾身承厚賜之賢哲如夫人者。竟令吾一別不能再見吾之戚。曷有已時也。悲夫。

上之所述。加爾底江別爾「阿發冒險」一書所記之大略也。先生困處囹圄時。夫人之艱苦。雖未爲詳盡之紀載。然卽其所言。以實驗夫人之爲人。已不啻卽夫人之道德智慧。曲曲傳出矣。

第七章　阿媽斯德之生活

阿媽斯德者。英軍所佔領鐵那色林諸州新領土之都會。一千八百二十六年七月二日。先生夫妻初至傳道之地也。英吉利緬甸和約以一千八百二十六年二月二十四日告成。先生與夫人卽於三月十六日携其愛女馬利亞。別羊大波英軍之天幕。乘英砲艦。循伊拉瓦底河而下。是月二十一日。安抵蘭坤。蘭坤復到。回憶從前之討生活於牢獄中者。直如再世矣。然其往昔爲主作工之熱心。仍不少變也。居蘭坤時。英軍以先生長緬語。通譯之任。非先生莫屬。因欲以三千弗（美國貨幣名每弗約合中國規銀一兩三錢五分至一兩八錢二分）聘爲通譯官。先生聞而卻之曰。今而後我之決心。於衆人之間。舍被釘十字架之耶穌基督外。不復知有何事。我蓋確見現世事物。比較的均無價値。以此之故。我故決意舍棄世俗一切事業。以傳我等之上帝及耶穌基督之福音。以獻我後半生於我主。君毋奪我志焉。英軍聞先生言。知先生矢志之甚堅也。遂不敢再以相强。

第七章　阿媽斯德之生活

先生之初至蘭坤也。以十年苦鬥之力。小教會乃以誕生。今再至蘭坤。見從前締造事業。完全破壞。惆悵久之。先生離蘭坤而入阿發時。蘭坤教會悉託之火扶夫妻及粵多夫妻。力任維持。今以戰禍。皆避地於加爾加大。凡戰爭伊始。火扶粵多二人生命之危。逾於累卵。今爲補述。亦有令人毛髮森竦者。方英國艦隊之將近蘭坤也。緬人捕火扶粵多投於獄。繫其足。火扶粵多同口置辯曰。我等非英吉利人。乃美利堅人。何故縛我。緬人充耳不聞。虐待愈甚。獄吏聞英軍砲聲。即下令促殺二人。旋拔刀疾視。繼又洋洋自得。以刀磨於二人頭上。示以行刑卽在俄頃。又數沙於二人床上。且謂之曰。將以此吸收汝等頸血也。殊獄吏之語未竟。而英國利、夫、葉、伊号軍艦。突發舷側大砲。迅雷一聲。獄舍牆壁。搖盪靡定。三十二磅之子彈。從牢上過。轟然震天。獄吏等手顫足慄。刀遽墮地。奪門狂竄。砲聲寂後。約逾半小時。吏復歸獄。乃引二人就刑所。刃且下矣。火扶謂吏曰。汝盡殺我等。何益於汝。不如送一二囚人於英軍。或可稍止英軍之砲攻也。火扶言甫畢。而利、夫、葉、伊号舷側巨砲繼發。獄吏驟爲膽落。竟棄二人而遁。而二人乃得於死裏逢生焉。

火扶粵多。受緬人虐。瀕死屢矣。而二人被捕時。其妻亦幾不能免。二人之妻。見其夫之就縛也。急爲易服。效緬甸婦人裝束。狠役無從辨別。倖不及於難。英艦泊蘭坤。英將薩阿漆博多獎別爾致書蘭坤知事曰。若流白人一滴血。必蹂躪全土。且不留尺寸地。火扶粵多。遂得脫虎口。以遁於加爾加大。至先生復歸蘭坤時。猶安居斯土焉。

火扶等避地於加爾加大。傳道之應援軍。適自美利堅來。爵爾已爹那博多莽亦以膺緬甸傳道之宣教師。時與相晤。故火扶等大有此間樂之念。博多莽者。學問淹博。品性純潔。其博愛之懷。與熱烈虔敬之心。實有令人欽佩者。其來緬甸。蓋於報章見可爾莽之死。而自請繼其後任以來者也。

先生歸蘭坤後。從前與相談道之白人。固不一見。即殘留之十八信徒。亦祇存其四耳。四人爲誰。即先生入獄時。爲夫人供往來奔走。忠實從事之孟引。及蘭坤教會之孟秀拔。與馬命拉馬多克之兩婦人也。此四人者。或助先生建設教會。或助先生廣傳福音。此皆緬甸信徒中之不可多得者。

是年之末。緬甸應償之軍費。已完全過付。英軍即退出蘭坤。將蘭坤交還緬甸政府。此

第七章　阿媽斯德之生活

第七章　阿媽斯德之生活

時蘭坤一隅。又再隸於殘酷之緬甸政府之下。且南部諸州歸英保護。緬政府對於一般西洋人。亦暗抱仇視之概。况地經戰爭。國內幾陷於無政府地位。大兵之後。必有兇年。飢饉洊臻。猛獸出沒。虎狼之游行郊外或入城市者。亦時有。良民慘殺習以爲常。此先生所以離蘭坤而赴阿媽斯德乎。

阿媽斯德之命名。以印度總督之名名之也。地在鉄那色林諸州內。沙爾烏因河測巴妥烏島。查鉄那色林諸州。長約五百里。廣四十里乃至八十里。爲海岸地。此間土著悉緬甸人。然其厭苦阿發政府苛政。久歎虎猛。爲英佔領。人皆安之。先生欲於是土擇地建立教堂。幾費心力。適新領土總督格塔烏忽德。請先生偕三五人周行域內。選擇適宜之地。以設置政府。駐紮軍隊。遂以此地爲首府。而先生遂於此傳道焉。

阿媽斯德。全境可容三萬餘人。格塔烏忽德勸民移住。民樂從之。故一千八百二十六年七月二日。先生夫婦抵境時。先至者已三百餘人。在途者尚三千餘人。而與先生偕來之信徒。則惟孟引等四人而已。先生念分任主工。同志宜衆。因招粵多及博多莽等移寓焉。

首府既定。格塔烏忽德以與緬甸政府訂立業商之條件。爲是時最要之舉。遂求先生再入阿發。從事協商。先生固辭之。以政治上之關係。不欲與聞也。格氏旋請先生權任英使。并許於協約中要求加入信敎自由一項。先生見條約之訂。包涵傳敎事業。責無旁貸。遂毅然就道。

先生之赴阿發。訂約也。以宗敎家之身任外交官之職。而與頑迷已極之緬甸政府折衝於樽俎之間。心殊焦灼。何意滯留阿發二月有半。磋商多未就緒。信敎自由之議。效果尚未可知。而先生最悲慘傷心之事。竟破空而來。蓋十一月四日。忽接家書。拆閱之。固夫人辭塵寰耗也。

夫人以一千八百二十六年十月二十四日。魂返天國。在世三十七年。其相先生也十有四年。夫人歸先生後。常助先生作工。於主光未被之地。而與素不相識者接近。或陸行。或航海。或共學方言。或襄助譯述。於缺乏時。以忍耐應之。於困厄時。以祈禱歷之。含辛茹苦。怡然也。至於以英雄之氣。忠信之心。爲在緬甸入獄之傳道人安慰。則尤爲傳道史中。放一異彩者。今竟與先生爲生離。復爲死別。聞者莫不慟之。

當先生之赴阿發也。夫人留居阿媽斯德。身體尚頗康健。先生職務。夫人獨力任之。日惟兢兢業業以力圖新事業之發展。編竹爲住宅一。校舍二。皆先生赴阿發後所經營者也。手創學校二所。一校已招集學生十餘人。委孟引代理校務。任教導責。其餘一校亦已近成立。每主日集信徒於禮拜堂。祈禱講道。諄諄勸勉。又時以手書寄先生。詳陳佈道興學狀況。凡於傳道進行。稍有障碍。必策全力以排除之。常語人云。我等今日所處之地位。所謂苦難艱辛過去之時代。我等正宜誠心感謝上帝。亦宜誠心祈禱上帝憐我。惠我。至我等祈禱所得之生活。則非再努力不爲功。觀夫人斯言。而其志願蓋可見矣。

夫人以過於勞苦。往往爲激烈之熱病所侵襲。然亦毫不自覺其可危。又以熱心之故。備受困難。然凡有可忍之處。無不忍耐至終也。以蒲柳弱質。飽歷坎坷。力肩重大。先生竊爲憂之。是以出發阿發之時。曾以謹防印度熱病之傳染。爲夫人預囑。而不料夫人竟身受之而至於死。異地聞訊。孰不肝腸寸裂乎。蓋嘗觀先生一千八百二十六年十二月七日與一千八百二十七年二月四日。二月七日。致岳母三書。而悲痛之情可想而知矣。

一千八百二十六年十二月七日先生致岳母書云。

我之往阿發也。本非我之所願。我妻甚贊成之。且促我行。以爲暫相離別。不久復聚。新領土總督之請。不宜峻拒。彼蓋深知我之此行。本爲盡我之義務。而爲此言也。然幾費躊躇。幾經思維。將行之時。猶有止而不前之意。我妻復從旁力勸之。期不失此機會。予於是決心與我妻作別。以向阿發進行。予最後與我妻相見者。實七月五日也。我等之別離。視爲常事。非如他人離別時有何等之苦痛。我等處此多患難多變遷之世界。若受上帝之保護。實無何等之危險。且數月間之別離。亦非重大之事。故吾等以瞬息間即可歸家相會。當無容疑者。未來之幸福。及快樂之家庭生活。期諸異日。今何妨爲頃刻之偶離。纏綿再三。予志愈定。遂珍重一聲。互相話別而去。予至蘭坤。屢接妻報。皆以平安無事爲言。及至阿發。音問之頻。至亦如之。其中所兼及者。惟僅言馬利亞之稍爲欠和耳。然吾閱此言。吾亦以爲小兒偶染時疾。不久必愈。無他憂也。最後之來書。爲九月十四日。書略云。我由今日移住新宅。自失阿發家後。東

第七章　阿媽斯德之生活

奔西馳。未嘗一日寧息。未嘗一日安穩。今始有棲身之所。於意殊慰。衡宇房室甚寬敞。且地居要衝。極爲便利。君他日言旋。入此室處。料亦愉快。余自移住之後。日復一日。精神頗暢。孟引所經理之學校。生徒已得十餘人。此外之希望入學者。亦尚不少。予之最痛者。惟可憐之馬利亞。久病未痊耳。時輕時重。雖時有將近平復之傾向。然不久又復陷舊態。余偶問阿父之何往。卽起而指海上之一方面以答之。可愛哉。此兒之靈敏。可憐哉。此兒之久病。至奴婢輩均能勤儉。予在家無何等困難。所刻刻刺激我心。而令我不適者。惟君之遠出。及馬利亞之久病耳。君宜自珍重之。阿發之瘧疾病。風靡一時。更宜注意。上帝乎。護君無恙。惠君康健。使君早安還家。則我惟一之祈願。此我妻致我最後之書也。十月三日。阿媽斯德之指揮官。葉胡太尉。忽寄我一書。其中有君妻之健康稍爲恢復一語。予聞之不勝驚愕。太尉之利用此時機。而特寄我書。豈是我妻病勢沈重。不能執筆乎。抑太尉見我妻病勢之沈重。而特爲此書。婉其詞以報告於我乎。竊自疑之。而不能釋然。十八日。太尉又來書云。予以令正之罹熱病。特報告足下。其當否在所不計也。然此函到足下之手時。令正之病。諒可就痊。蓋令正看護令嬡。過爲注意。有以致之也。一時陷於危險之令嬡。漸就痊可。無煩足下繫念。令正之病。昨日之燒。亦似已全退。內顧自可無憂矣云云。由今而想太尉之手書。實係見我妻病症之危險。不得不報告於我。而又恐生我之懊惱也。因爲之隱約其詞。以權安我心。然接此二書以後。予之所接者。卽爲黑封緘之函件矣。彼以黑封緘之函授我者。語余曰。觀此函。令嬡必有不利。然令嬡若死亡。則實爲遺憾。彼之爲此言者。實恐我遽得眞報。則我心之悲痛突作。特爲此委曲之詞也。彼授函者。誠有心人哉。然予聞此言。亦冀我女卽或死亡。而其母之生命無恙。所以心竊感謝。急啟視之。則阿媽斯德副指揮官畢氏十月二十六日所發也。書云。我以比類絕倫之勇氣。對於慮患難之人。雖語以最爲悲痛之事件。亦無須何等前置套語。若今以可疑可惑報告於汝。反爲殘酷之事。今將爲不幸之事之報知。直約成數言。卽汝之夫人已去世矣云。

千八百二十七年二月四日。再致岳母書云。

彼臨死時。自犯其頭腦煩悶。及苦痛。兼而有之。似有欲言而不能言者。依緬甸信徒

第七章　阿媽斯德之生活

第七章　阿媽斯德之生活

所言。彼嘗自傷云教師之歸何其遲遲。新教師之來又何其遲遲。竟使我一人在此死之。又不得不別我最愛之幼兒而先去也。若此爲上帝之意志。吾當服從之。雖然。我非畏死此等不堪之苦痛。實可畏也。教師未歸我欲有所言者欲筆之於書。而又不能執筆。我如何苦。如何死。祈諸君爲我向教師言之。諸君今日所見我之眞模樣。祈諸君爲我向教師言之。俟彼歸來時。家屋及一切之事。諸君好爲我爲之。爲我守之。又彼病極危不能言時。猶呼馬利亞至身傍。更命諸人親切看視女兒以俟我歸。並命諸事勿逆而行。臨終之前二日間。幾失感覺不能移動。橫抱其首閉其兩目至是夕八時。以緬甸語呼叫苦痛而氣絕。

二月七日三致岳母書云。

我歸後。卽訪問我妻之病之主治醫生。欲悉聞其委細而得一可以慰心者。據醫生言。日爲二回之診察。夜間恆坐至夜深始退。彼初得此病時。明知其必死。無再起之希望。故視死如歸。極爲平靜。且樂居自在也。但以君外出未還。他教師亦未歸。殘留此愛兒與學校。而不得不留遺恨於萬分耳。最後二日間苦病不堪。再三呼起時。

彼始開眼而言曰。予不能保我之健康。我實無元氣也。言已遂死云。如醫生言。則醫生幾以全力救治。我雖未在其傍。聞此亦無遺憾。蓋我卽在家亦不能醫此必死之病也。

右三書爲先生於夫人死後致其岳母者也。悽慘之情溢於言表。幾有令人不忍卒讀者。一千八百二十七年一月二十四日。先生歸阿媽斯德。阿媽斯德之信徒。覩先生歸揖先生之道範。而憶夫人之死狀。皆灑淚迎之。亦灑淚告之。道左欷歔。日光無色。所更難堪者。先生入于其宮。獨自圍爐。寂寞悽涼。無可訴語。終日黯然。且失其慈母之愛兒。則寄養於粵多夫人之手。蓋粵多夫婦於二月前自加爾加大來阿媽斯德。與先生同居也。粵多夫婦至後。博多莽夫婦亦相繼而來。其時至阿媽斯德之宣教師。合之已有五人。惟孟引於其時。決心傳道於漁業地方。遂舍先生等以去。而阿媽斯德教會會員之數減一人耳。

先生丁此奇阨。而於傳道事業。則未嘗一刻去諸懷。每主日。必與緬甸人執行禮拜。平日則在家庭行之。偶爾外出。途遇行人。則宣道路旁。津津不置。於從前所譯之聖書。有

第七章　阿媽斯德之生活

不愜意者。又從事訂正。先生嘗自言曰。罪之襲我。源源而來。然其所以未嘗中斷者。實因欲完成我所欲之特性也。每當百憂交集之時。無所排遣。則翻譯詩篇。以求得所慰藉。而以學校課程所係。天文地理各科學教科書。又須從事編纂。是以在緬甸中。無日不忙迫異常焉。博多莽嘗爲先生評曰。彼爲悲哀與苦難。其所思盜盡其精與根也。斯誠知先生者哉。

自是而後。孤棲緬甸。作勞之暇。所藉以稍釋愁懷者。惟馬利亞耳。何意憂傷迭至。夫人辭世。馬利亞又罹不起之病。纔六閱月。相繼夭折。先生嘗云。一千八百二十七年四月二十四日。我最愛之女兒。謹二歲有三月。竟舍我長逝。予所信者。彼之靈魂。必依彼所最愛之母。而不能離者也。繹先生所言。先生之心。雖不爲逆境役。然既失愛妻。復失愛兒。影隻形單。煢立世上。所處不誠苦歟。況先生於此時。正當中年乎。蓋是時先生之年齡。三十有九耳。

先生以六閱月內。既失愛妻。復失愛女。遇誠慘矣。孰意憂傷之事。連接而來。馬利亞葬未三月。而乃父在故鄉長逝之凶問。又突如其來。先生之所遭。其迍邅蹇難。何以並襲

於一時哉

先生之在阿媽斯德。爲設立小教會之分會。已不遺餘力矣。乃至阿媽斯德後。總督格搭烏忽德衕溪雅別爾將軍之意。置本營於阿媽斯德北去三十五里之姆爾媽因。而人民之移住者。趨之若鶩。不數年。姆爾媽因忽成巨鎭。遂成爲鉄那色林洲之首府。而阿媽斯德頓形冷落。博多莾乃離阿媽斯德而去。先生亦以是年之八月十日去阿媽斯德而赴姆爾媽因焉

第八章　姆爾嫣因之生活一

一千八百二十七年八月十日以後。先生阿嫣斯德之生活。轉而爲姆爾嫣因之生活矣。先生在姆爾嫣因前。其內部之精神的生活與其特殊之狀態。蓋有所以養成之者。今試爲連類述之。

先生少時。嘗有志於拉馬司棄比司扶葉勒龍。及鳩用夫人之神秘說。羅馬教會之精神。所謂僧院之峻嚴生活者。先生實馳慕篤嗜之。觀其來往書函。其流露於字裏行間者。實不能爲先生諱。而亦不必曲爲之諱。蓋其力持愼重穩固之態度。與僧院的禁慾主義。皆遭遇爲之也。其醉心羅馬教會之精神。屢蹈危險之路。而卒不至於傾躓。則基督眞理之所以陶淑先生。與先生平時信仰之主點可以見矣。先生之妹。居米利堅。日者嘗貽以金。並附以書。其書中有云。

予今以金送汝。然附有一特別條件。此條件非他。卽爾收此金後。爾必以此金之一部分。購求鳩用夫人傳是也。爾宜用心誦讀。此傳更不可不讀。蓋彼之人格卓越時。與賢聖比較。亦無愧色。爾其勉之。

此先生致其妹書中所注意之語也。某日致其同事書中又有云。

予今與君他事姑置之不論。多數信徒勸勗爲善。無或中輟。彼等誠可謂爲熱心。但以身在休息之地。與死之蔭谷言之。何爲蔭谷。何爲休息之地。實不能知。彼等誠惟德是好矣。而死與制慾之道。茫然不知。何其謬也。吾謂我當知此二者。上帝若以其道召我等。我等當視死如歸。我等對於此世界之遭際。對於自然之接觸。及對於自己之死之時。必至對於上帝而始覺也。

其致姆爾嫣因之宣教師書中又有云。

予對於內勒託兄弟。其於種種之例中。予欲勸其記憶巴利監督之例。彼每欲抑自己之慾心而戰勝於人世。故試以種種克己之方法。是以於粗野小屋之中。同一人之發狂者。來此共住。予以爲自好之故無他苦。此非他。以上帝依我等之意思。其所以加我等之苦患。皆足增其任事從業之力。苟不至於害。皆得喜而忍受之。此確信爲基督教徒克己之處也。

由上之書觀之。以外表論先生於嶋用夫人之神秘說與僧院的禁慾主義。似奉之維謹。而實則無往非力守基督之訓而深有所得者也。一千八百二十九年五月十四日。先生嘗爲決文六條以自勵取而讀之。其敬虔之心。誠有足爲吾人法則者。決心文爲列如左。

(一)每日遵守七回之祈禱。

(二)口置以警護舌之戶。

(三)無論若何事件均在上帝之手。依此而得與上帝和解。

(四)以溫厚和平之情接待人。與人爲善。勿失其機會。至對於存心信仰之人。尤當力持斯旨。

(五)所有一切之事件。悉由內心(卽良心)以爲之指揮。其由內心指揮者。且卽服從其命令。

(六)於此世界中。苟有能達完全清淨境之教義。而不爲一切之欲慾所擾者。必信仰之。

人斷不能離世獨立。亦萬不可離世獨立。社交爲盡人所必有之事。此自然之理。概世
途之嶮巇。遂不出而力任傳道職責。以與世人隔絕。亦如地有猛獸。謀徙宅以遠避耳。
乃先生竟因遭遇之故。將自己情慾。釘之於十字架。爲墳墓。一寓居其側。繼復居幽林
中。不見烟火者數月。屏絕世故者經年。在非深知先生者。每以是爲先生病焉。
先生之病。在於傾心羅馬教會。及僧院寂寞主義之外表。然其苦況。則幾無人所能知。
惟其晚年之親友中。有深知先生者。於先生死後。嘗爲明確之評論曰。
彼之鳩川主義。吾知彼之發見於書函者必多。然彼之心情。則無一點之過失。至其
判斷上之過失。殆亦無之。惟其心性上之狀態。吾則不能輕爲論斷。因彼遇悲哀離
別之苦太多。也然依彼熱烈之信仰觀之。彼之病之所由來。亦可以知矣。彼之外。無
如此堅實之精神力。亦無如此至誠至信之情感。彼之所能者。雖高貴之人。亦多不
能始終貫澈。彼所以性格强烈之熱氣驅以入於異常之地位者也。以是之故。彼之
健全之判斷力。與高尚之敬虔心。遂屢依其天性。導引之以歸於勝利焉。
由深知先生者之言觀之。先生之克己功夫。謂爲出於天性使然。莫若謂爲一時之勇

第八章　姆爾嫣因之生活一　一三〇

氣激之使然。尤爲正當。蓋先生在阿發及翁內拉所受之苦難。非尋常可比。故身體漸以虛弱。向之所謂强健之精神力已消滅殆盡。旋又失其妻子。是精神上之生活。無在非迫彼疾趨於病之一途。然則先生之病。實先生之遭遇爲之也。質而言之。先生所爲實由孤獨生活之結果所致。此寂寞之至情所以自然流露於言詞文字間焉。

一千八百二十八年八月十七日。先生致蘭坤自列多夫妻之書有云。

自與君別後。僅歷一週。意氣消沈。殆達極點。無論何事。幾不能爲矣。予每於飯後。獨自散步廊下。嘗自歌曰。「無情無望兮我之生命。與夫愛兮悉悉而化去」。據醫生之言。我之健康。自此再可恢復。然欲如舊時汽關之中。滿入以蒸汽。則恐未必能也。雖然、我亦惟仍前勤勞不倦而已。蓋從前所接觸之事事物物。皆已成過去。吾惟以昇天路爲其樂也。諸君因經歷之所迫。引而爲宗教上之罪者。想均無如我所經驗之激戰。故望君等爲我祈禱。蘭坤之生活。恍如幽冥。予自即其靈魂時。有如當時搖動我身體上堅結之鐵索。以自取其嘲笑也者。予恨不能變我之皮膚。如衣鐵沃比加黑奴之黑。故我之生活。惟有望未曾經驗如我者。勿蹈斯轍也。我從此世莫能遇。

及世莫能奪之耶穌。不可謂不已獲得平安之樂。以十字架之血言之不能不謂已受慈仁上帝之恩寵更無待回想矣。

是年十月二十四日。先生致其妻之姊妹書有云。

今日爲亡妻二週年之忌日也。予於此日。移於離乎人居之森林中所建之小屋。是宵爲狂風亂吹之夜。四圍之寂寞光景。恍如我內心荒涼之狀態。今一思及所愛已去世之妻。而我現在之罪。又結爲悲思。我之淚洒於我愛人之墓者不知凡幾。我之心情。立於塚上時。亦與淚同流而俱碎矣。

由上二書觀之。先生之病。激於一時之勇氣。已可知矣。蓋先生之天性。固以傳佈主道。拯救罪人爲急務也。其在姆爾媽因時。請本國亟派宣教師來緬。因久候不至。悲感交集。曾致一書於孔勒克添加哥洲託蒙林之宣教師云。

我等之力甚爲薄弱。此乃見之事實。而非得之想像。且不自今日始也。因本國傳道會社。不能得充分之援助。我等不平之思想。亦已成爲事實。我等當此竭盡精力。相率而沒入於墳墓中之時。本國在主內之同胞等。猶頑固成性。如嵓不動。竟若北海之氷山。冷至零點。我無時不感極痛苦。抱最悲觀者。自然之理也。吾不知彼等之行爲。是誠何心。彼非與我等有同血肉之親。將共赴永遠之天堂乎。彼對於將赴永遠地獄。與我等同具不朽靈魂之緬甸人。不當有以拯救之乎。我等倘不策全力以救之。彼等即不能不永陷於滅亡。如縱狂瀾。愈流愈遠。如熾烈火。愈揚愈兇。可想而知。彼旁觀坐視。其忍心乎。我等今以爲既經努力之處。當以深謝神恩。而更加努力。今計成立教會有三。信者二百餘人。其已昇光榮之座者亦有數人。宗教上研究之精神。已漸普全國。徵諸時代之變遷。與夫人民信仰心之增進。亦足以表示緬甸改革之將近矣。惜通緬甸語言文字之宣教師。過爲少耳。若再多增二十人。用以擴張學校。推廣教會。實爲極大盼望之事。至於分發基督教短篇救世文。及聖詩等類之印刷物品。倘能得良善之方法。其爲我等之幸福。更何如。然而我等之熱心。則必竭吾力而後已。彼與有若氷山之屹立不動冷至零點同情者。實可謂於此數年之間。破壞我等之事業也。

先生之亟亟拯救世人。觀此書已可概見矣。然先生又爲篤於祈禱者也。彼嘗云。凡於最深奧之道理。自由冥想之時。即捷足步行野外。否則必在房內執行祈禱事務。所以每處房內。其腹聲或疾或徐。達於戶外。則兒輩即懸揣之曰。吾父正在祈禱。蓋兒輩知祈禱爲先生之特性也。

先生之生活。蓋英人所謂「雅人」生活者。然利用社會上一切關係。以引人歸主。則又先生之本性也。樊別爾將軍。爲先生最愛敬最親厚之人。當其初次戰勝緬甸凱旋時。先生送之以書。其中有云。

眞宗教者。戴法冠而監督於高僧之間者甚稀。蓋眞宗教非屬於特殊之教會。非行特別之儀式。又非徒爲不行極惡之罪惡。俾能服從正眞名譽之規則而已。所謂眞宗教者。欲使我等避墮落之苦。彼偉大無極無所不在之上帝。必使我等精神冥合之。若任我等自然之狀態。日復一日。毫無果敢氣象。徒汲汲求此世之富貴榮譽。得步進步。日求副無厭之希望。則不知不覺之間。疎忽其永遠生命者多矣。故俾奪人日之罪之勢力。不至奪人生命不止。試觀此世詭譎之力。其人何如乎。雖死亡迫於目前。夢夢者亦不知迴避。而亦不能迴避。惟以上帝富於慈悲之觀念。滿注於心中。

則不但不怯末日之審判。猶希望未來之幸福。所以外物之來。有擾亂吾沈靜之心體者。皆嚴爲拒之。縱耳有所聞。亦置而不顧。惟抑絕其良心之客感。以力和其恐怖之念而已。心體如斯。其爲傾快樂之杯。登野心之山。以一年閱一年焉。固可必也。嗚呼。阿漆博多卿。斯世赫赫之色彩。行將消去。寂寞之墳墓。又將迫我等於世之快樂名譽欲望之上。此時我等之靈魂。果何在乎。

又曰。阿漆博多卿乎。予所願者。許我以得爲無忌憚之言語。且願從飛行之影。達極遠者不及瞬。從地空之響。聞極遠者無弗聽。每一啟目。卽與卿共居處。卿試思常施恩惠於我等者。非眞神不朽之美德乎。聖靈之招待。可傾耳而聽之。彼爲人間之友。並愛人間。爲救我等出永遠之禍。而釘於十字架者。不常懸於卿心乎。此蓋非卿今日想像所及者。然我輩實賴此而得平安與歡欣也。卿心若不信仰眞神。則眞正幸福。無由見。無由知。卽眞神以顏色顯現於爾前。亦非爾所能覩者。

又曰。阿漆博多卿乎。當卿之左右。均貢媚於卿。而奉以阿諛贊頌之言。王及國家。皆稱揚卿謳歌卿之時。固有爲卿之靈魂祈禱者。卿不可不知其人也。竊所願者。卿往帶地上王所贈之勳章。當願卿戴永遠所謂生命光榮之冠焉。迨最後之日再與卿相會耳。

當薩阿漆博多獎別爾第一次戰勝緬甸之後。氣燄之盛雄壓全國。而先生獨以懇摯誠懇之語。刺其肺腑。乘機而導之歸主。則拯救罪人之心。非出於天性曷能若是乎。然先生之拯救世人。固由天性。而先生克己之功。尤有與人以可法者。吾嘗於先生決心文六條之外。得其座右銘與警戒細則焉。其座右銘曰。

一、每朝每夕謹密勉爲祈禱。

二、勿費一分之時間以爲無益之事。

三、於制慾純續之範圍之內。更宜節制食慾。(宜純潔)

四、忿怒及不親愛之感情。悉抑制之。

五、凡出於野心及或得名譽心之動機。勿以企圖何事。

六、不可一刻有不喜真神之思想。

七、若犧牲時與義務有不相捍隔時。當勉爲他人可求得爲犧牲之機會。對於信徒亦然。

八、凡為基督及為福音所受之損失及苦難。務求努力甘受。雖死亡之事。不隨時發生。亦當常持此志。以期獲得此等事實之偉大的利益。

其警戒細則曰。

一、與太陽共起。

二、禮拜日之外。每日必讀緬甸語之一定部分。

三、常讀關於聖書及關於宗教所著之書。

四、凡英書無宗教之傾向者。一切勿讀。

五、一切不潔之思想及形式。宜制止之。

先生曾受新英洲健全之教育。且熟知金錢之寶貴。崇節儉而務儲蓄。後則反其所為。一己之所有。盡出之以為傳道事業之用。嘗以宣教師之職責。致忠告於青年人云。「為自己。為家族。勿貯金錢。日日仰賴於神。自能獲食」。印度政府以緬甸協約談判之功。饋先生以五千盧布。（俄國幣名每盧布約合中國規銀六錢九分二釐至九錢三分一釐）先生留滯亞弗亞時。所受金額達二十盧布。均撥充傳道會用。凡任宣教時以偶然之事得何種物件。應歸傳道會社者。悉訂定之。且不獨以所得之報酬金。送入傳道事業。即平日所儲蓄之私財。亦盡輸出爲傳道財產。其於傳道會社所得俸給。初則自減三十分之一。繼則自減十分之一。繼又自減四分之一。獻所有以作主工。信徒中其可多得乎。先生又以爲釘於十字架唯一之情慾。非僅金錢之慾。名譽之慾。亦與之相等。故先生於少年時。爲娛兩親計。不無求名譽心。後則此心消滅淨盡。彼所以有勃勃野心。盡消滅於巴普鉄司託（即浸禮會）之言也。一千八百二十三年。布達恩大學之協議員授先生以神學博士學位。一千八百二十八年。先生曾對於米向拿利嫣額慶。爲拒絕之書曰。

予初不知已授予以學位也。予知此事。已在三年以後。予從既知之時。至於今日。又爲二年之經過。予初聞之。何以並無一言。其中蓋有故也。一則予既失得爲拒絕之時機。拒絕亦恐無效。二則恐與予異趣之人。謂爲矯情而橫肆指摘。然予今對於基督之命令。與福音之眞理。覺得無須夫此。實無可疑。予之未爲堅決之拒絕者。悔之蓋已久也。

先生固優於文學。且篤好文學之士者。其平時書簡著作。多爲人所仰重。然皆隨手委棄。蓋不欲人之爲之稱許也。嘗翻譯東洋文學珍奇各籍。緬人謂其除基督外。別無所知。實不然也。最大之犧牲。爲社交的不能。然彼非缺先天的社交之性質。彼惟排斥一切受人轉移。因人汚已之社交耳。彼以宗教之狂熱。終不肯隱遁於與人隔絕之僧舍。彼非確有銳敏之社交性者乎。嘗有一婦人評先生曰。「彼之離社會。非其素持之主義。乃爲臆病耳。如豪飲者。恐其酒之入口。不能制止。竟至於手不舉杯」其夫人答之曰。「彼依於篤信宗教。而逸出人間範圍之外。非生性使然。蓋如生活於澤列華湖畔。不能於眼前表現華美之巴拿馬之印象。然與偉大之革命家及神學者亦自不同」

先生能融和個人之感情。其爲人亦富於感情。內對其妻。外對其友。必極周到。嘗送一慰問狀於失母之婦人。其婦人曾致書於友曰。「彼一極有同情之人、不然何其與人其悲哀之如是其摯也。觀婦人之言。而先生之天性可知矣。

先生以異常之苦難與悲哀。故一時狂於宗教。而陷於危險之狀態。然不久卽回復原性。舉從前偶然逾軌之克己思想。及克己實行。棄之殆盡。而努力於傳道事業矣。其於傳道事業之奮往。今試爲約畧言之。

先生之未移居於姆爾媽因時。粵多夫妻留阿媽斯德。博多莽夫妻居姆爾媽因。先生則往來兩地之間。爲循環之傳道。繼乃以所得傳道費用。在姆爾媽因英吉利兵舍之南約一哩。奬別爾將軍所給予之地。建宣教師宅三楹。自是而粵多夫妻亦移居之。繼而先生亦與孟秀拔暨信者數人移居焉。於是廢阿媽斯德之事業。以全力集中於姆爾媽因。遂於姆爾媽因。從事新教堂之建築。而姆爾媽因市。於以爲傳道之中心點。蓋博多莽宣教師宅之北二哩半。爲先生之教堂所在。其南約半哩。爲粵多之教堂所在。此外孟勇爲訓導人研究聖經之教堂。亦成立於此間。而隨先生而來之信者數人。亦不久而受巴普鐵司託(卽浸禮)矣。

先生之居姆爾媽因。因新宗教迫害之聲。雖時有所聞。然自大體觀之。亦已告成功。教育事業亦然。蓋由阿媽斯德移轉之女校。得粵多夫人。及博多莽夫人之管理。頓生異彩。校中由信仰而受巴普鐵司馬者。亦有數人。兩夫人於兒童教育外。更致力於緬甸婦

第八章 姆爾媽因之生活

人間之傳道。博爾莽夫人。又於此時創設男子學校。然其迫害之事。又因之而來矣。有密秀葉者。蒙阿之奴隸也。先生見彼時。年僅五齡。蒙阿之兒。欲寸斷而殺之。先生憐而拯之以英吉利律。怵其主人。主人因以密付先生。携之阿媽斯德。密時形如髑髏。自首至足。鞭痕刀痕。滿布全體。腕骨已被屈折。火烙之迹。隨處錯見。收養僅六閱月。而密秀葉竟以傷殘太甚死。此則先生初至姆爾媽因時所目不忍睹之事也。

至姆爾媽因之初。傳道事業。最爲困難。而先生之志則愈勇。且傳道而外。兼注意於教育及翻譯兩事。在阿馬斯德者。予所譯之舊約聖書。暇即從事以繼其功焉。時有果大阿其人。自阿馬斯德至。請於先生。願自費傳道。先生命果爲蘭坤教會牧者。而蘭坤之信而受浸者漸多矣。果大阿者。先生於一千八百一十三年。最初設立教會於伊拉瓦底河畔。首實之果也。先生初設教會於伊拉瓦底河畔。守聖餐者祇二人。其後漸增至二十人。乃無何而戰爭事起。先生爲阿發之囚。教會遂受破壞。殘存者不過四人耳。且均隱於阿媽斯德市以避之。而果於此時。則仍秘密傳道。無稍餒。二年後。先生至姆爾媽因。果始就訪。先生命作牧蘭坤。而平時秘密傳道之苦心。得以實行其志。厥後蘭坤至一千八百八十一年。已有教會八十九所。信徒三千七百人。皆果大阿勤力主工之效也。

果大阿至蘭坤。汲汲佈道。於先生處音問久疎。閱半載先生親至蘭坤訪之。訂以同作全國傳道之旅行。果大阿曰。此間須投於火之鉄甚多。（言慕道者衆也）既經煆煉而出之火者。又須施以巴普鉄司馬。吾於此間。誠難以頃刻離。長者此行。吾不能爲左右追隨也。先生曰。「我之忙於傳道。此牡鷄育雛。更爲注意」言時。於果大阿勤敏勇銳之氣。露深爲感服之色焉。

果大阿外。孟引亦受按手禮。以赴阿媽斯德教會牧師任。孟引亦熱心忠實之人。隻身至蘭坤。與果大阿協力傳道。後以其妻受巴普鉄司馬後。所行多不德。遂召破門之禍。子然一身。殘留人世。然於天國之希望。猶未嘗絕望焉。

先生在姆儞媽因。與博多莽夫妻。暨粵多夫妻。合力工作。纔七閱月。彼黑暗異教之範圍內。已爲福音榮光所照。然若輩亦因是而大生嫉忌。力肆攻擊。使先生三人。必分散他徙而後已。一千八百二十八年三月廿九日。博多莽夫妻。因與其小家族離姆儞媽

耶德遜

因以往達保。達保者。新英領上中海岸線上唯一之要地也。至達保後。嘗自言其傳道計畫曰。

予初集數教士宣教於一處。確信其有充分事業。互相激勵。研究一最有利之方法。今而知以一人自負責任。獨立行動。振全力以圖之。固優於六人之黎伙·隅也。在此有八人以上。共爲一事。然出以實心實力。則二人已足。非人多則有怠惰觀望諉卸之患。實以合數人以共處一方。不若各以箇人之力。出而圖新事業之爲愈。雖宜教師新來之時。必須得從事於該地既久者。同居以受其指導。然欲達其最後之目的。則非以單身直闖異教荒野之區。不爲功焉。

博多莽夫妻往達保後。一千八白三十年二月二十一日。粵多夫妻又往蘭坤。以與果大阿孟引二人同事。粵多者。誠實明達。堅忍正直。夙爲先生所許。其夫人於傳道工作。亦有卓越之精神。爲婦人中不可多得者。先生因爲姆爾媽因人所嫉。久欲再赴阿發。播主道於伊拉瓦底流域。又因伊拉瓦底人之渴慕。遂特令粵多夫妻先期前往。同年四月二十六日。先生亦接踵而至。然先生之再到蘭坤。非其本志也。觀其由蘭坤致書於友人中有「出發姆爾媽因之前。予心所向者非蘭坤。實國之中央也」之言。可以見矣。所以至蘭坤後數日。即與信徒五人。駕小舟出伊拉瓦底河口。直往普勇焉。

普勇位於蘭坤與阿發之間。爲緬甸之內地。先生至普勇。日與信徒龔傳播福音。沿岸所到之處。皆散布短篇覺世文。如是者殆三閱月。每往秀葉蘭德所有之大浮屠下坐於荒廢古教堂中。申明永遠上帝之存在。上帝愛子之使命。及耶穌基督贖罪救世之道。環而聽者數千人。多受感動。至有慨然出其所有。以助基督教會而不爲之吝者。殊敵教之人頓生惡感。以武力解散聽者。並令將所受之短篇覺世文返之。先生立即出教堂外。併傳先生入法廷。加以嚴訊。驅逐出境。其國內大臣等。疾眞道之輸入彼國也。致書於駐阿發之英國大使巴列大佐。謂先生計圖輸入基督教於國內。非上所喜。先生不得已。乃與信徒三人。乘小舟別普勇以返阿發。時河干送行。戀戀不忍去者。有孟鳩伊德立人。其孟鳩伊德立緬政府書記官也。舟解纜遠去。猶眺下流而言曰。我爲汝之弟子。我门祈上帝。汝亦當爲我祈之。我今辭職。即追隨先生於蘭坤云云。

普勇之建設在紀元數百年前。而人民則如在五里霧中。數十代未聞救道。今先生不辭勞瘁。冀以拯彼族之沉淪。是誠彼族之福矣。乃竟從而排斥之。固彼族之不幸。而亦先生之所最痛心者也。先生將離曾勇。特告別於此間秀葉達之神曰。

汝爲大石塊。基礎頗固。今雖無土崩瓦解之憂。然値以黃金塗汝兒童輩之時。雖不能牽引汝落其石首。但石首終不存於石之上耳。

又向曾勇告別曰。

予每當遊行街市。或坐立教堂。即欲以一種懇摯之和氣。宣傳重要之福音。然吾欲啟而不能者屢屢矣。予無論如何說教。又無論聽者持如何態度。於審判之日。自當昭然若揭。然受我之警告及希望者。特有幾人能從地獄刑罰之中逃遁而出之乎。過去者無論矣。予警戒汝等。厚望汝等。汝等類皆頑固成性。褻瀆上帝者有之。誠心皈向者卒鮮。汝等尚視上帝爲敵。而以爲無足崇拜者也。但我登天時。立於審判者之右。尚祈願得與汝等相會。曾勇乎。我今與汝別也。我於汝等之中。爲汝死亦不辭。然我料汝等必不樂有此。我今不得不他往以傳福音。我爲此故。乃遺汝等於此地。汝試讀我所遺之五百短篇覺世文可矣。我告汝。我爲汝祈於上帝與救主之前。若汝此後。苟低細其聲以呼我時。我在國端。亦達於我。我樂而聞之。亦必復歸於汝。

由普勇至蘭坤。必道出明戴。先生乃在明戴守安息。且因而散布短篇覺世文於沿岸要所。九月二十五日。抵蘭坤。居粵多家。是時緬甸官吏。阻害先生等之傳道。達於極點。先生寓所。派人環守。威禁緬民。不得與之往還。有接受短篇覺世文者。令棄之。先生之門前。至是而人踪滅矣。果大阿牧者。亦恐怖異常。退出先生寓所外。然先生信賴上帝之心日愈固。而毫無畏怯。復留蘭坤月餘。始返姆爾媽因焉。

先生之在蘭坤。雖受緬甸官吏迫害。而人民研究眞道之熱心。則日益澎漲。凡關於基督教之文字。零章斷片。皆所快覩。而官吏之所禁者。亦祇講道傳教。於短篇覺世文及翻譯之聖書。皆可自由分送。溯伊拉瓦底河以達阿發。皆無阻碍。先生於此。追得以印刷品代口舌之用。而日向印刷人片列德及在姆爾媽因之其他宣教師。勸以多送短篇覺世文焉。一千八百三十年十一月十三日。先生曾致書於片列德。有曰

此等短篇警世文。必當以一定之時期送達。此文爲何如緊要。尚希深爲了解。予於蘭坤。其去留之遲速。尚不可知。然此地如尚有宣教師留駐之時。則此文之來。極望

接續不絕。蘭坤者。緬甸之關鑰也。短篇覺世文。由此地可以直達四方。予本不欲著人。而亦萬不願失此機會。「佛基對觀」既已製版出版之期。究在何時。願即送來數部。發函請送。已經過六週間之時日。而望眼徒穿。想爲印刷「基督教綱領」所防阻。然「基督教綱領」一書。予非不欲從速印竟。但此書每週不能分送一部。故無速急之必要。「佛基對照」一書。每一週可分散數百部。求之者必日以多。此六週間予已分送「佛基大觀」一千部。所送之人。流布全國。予到蘭坤時。由家尋出「對觀」二十部。以之分送。實爲分心臟之滴血。今殘缺者亦告罄矣。惟望孟君來時。得攜此書來也。「聖句拔萃」能速出版。亦予之所感謝。片列德兒之忙碌。予頗諒之。然予切盼寄書之心。則非此書所能盡也。

一千八百三十一年三月四日。先生致書於本國之一牧者。其書中有曰。緬境例年之大祭。既已過矣。其間有多數人。祭佛陀之髮。禮拜於所信之修瓦達根寺院。其人皆出遠地而來。予即乘此機會。分送一萬「托拉克托」短篇警世文。然我所予之者。皆求之者也。來家索資者。達六千人之多。有由暹羅支那之境。費二三日旅程而至者。其索送時語予曰。我等欲聞有永遠地獄之事。我等皆願脫離苦難之境。又有由阿發北方一百哩之嘉協來者。其索送時語予曰。我等欲觀永遠上帝之書。先生爲分給此書之人否。請以給我。我等願於死前聞此眞理。其有不知基督教之名者。則云。先生爲耶穌家的差遣而來者乎。請卽給我等日所記載之耶穌基督的書。求者如是其衆。所以片列德兄雖曾日夜從事印刷。猶不能爲充分之供給。在蘭坤時。姆爾媽因及達保等處之索給尤多。而活字印刷。又爲絕少。此所以不能爲有効之助力。良用慨然也。

觀先生二書。其亟亟於以文字傳道之心。已可概見。而翻譯聖書之苦志。尤有令人仰重者。其在蘭坤時。有英國婦人葉馬安巴茲訪之。退而爲之記曰。

先生著名之美利堅宣教師也。一千八百三十年之秋。我來蘭坤。聞其在緬甸人之中。熱心傳悔改福音。久爲愛之勞働。予竊慕之。希一晤面。懇切之情。有非可以形容於言語間者。繼思我英吉利人。踵門叩請。彼當無不歡迎。乃與船長夫婦同造先生宅。見宅爲緬甸式。我等由梯上登。更由窗入一最大之室。室廣而卑。屋極無樑。亦無窗。室之中央。設桌一。輔以數椅。室之一方。置書案一。案頭書籍文具。排列整齊。我等就坐。互陳胸臆。旋聞其談及亡妻時。哀痛無已。天性之眞摯。令我等亦感不絕。懷彼喜語翻譯聖書事。彼云新約全書業已譯成。翻譯詩篇亦著著進行。倘舊約全書。全部已全行翻譯。天父卽召我歸於永遠之家。我所願也。書成。令讀者咸知悔改。以至基督教之榮耀。燦照緬甸全國。雖有直接傳道者。無不驚其廣大與光彩。則我願遂矣云云。先生翻譯聖書之志。不誠難能而可貴歟。對談之際。蝙蝠時鳴。三三五五。馳來逐去。時而猛拂我等頭上。氣味之惡。觸人欲嘔。大爲談話妨害。而先生安然。不得已。興辭而退。然我等之不忍遽。遲遲之意。殆與下黑暗之階梯。同一緩慢焉。

先生之在蘭坤。其感受迫害。已如上述。而先先生而離姆爾媽因之博多萘夫妻。於先生之在蘭坤時。其遭遇之慘。尤有令人不忍言者。今爲連類及之。博多萘夫妻以一千八百二十八年三月二十九日。離姆爾媽因以赴達保時。有子二。女一。女二齡餘。長子名爵爾。已次子名沙塔。生數月。到達保未幾。而二歲有八月之長女夭亡。又越四月。而沙塔又夭亡。沙塔死後。達保之亂又相繼而起。而博多萘之肺病。遂成險惡之勢矣。某禮拜三之夕。博多莽之呼吸。已不甚接續。乃有三十四人。求施浸禮。博多莽奮然而起。忘其衰老垂暮之身。强赴水邊。爲之行浸禮。畢。與其妻同至食堂。且飲且言曰。「此時若有弟子五十名。羣集於此。我當以我死後應遵之道理。遺言彼輩」。翌日回家中途遇雨。瀕危者數。是日十時。奄奄一息。其妻以酒和水灌之。有頃復蘇。急求雞以調湯藥。土人有而吝予。求一羽亦不可得。其妻知博多莽之末日已至也。覓小舟欲運博多莽達海岸。已隨後至。殊未附舟而博多莽知覺已全失。遂以不起焉先生之赴蘭坤。蓋以博多莽之在達保。可以託爲後圖也。乃博多莽到達保不二年。竟與一子、一女相繼辭塵而去。此則先生之最傷心者矣。

第九章　續姆爾媽因之生活

先生之離姆爾媽因也。傳道於普勇蘭坤二地。計十有三月。創設傳道地域。雖未慶成功。而短篇覺世文之布。則已遍全境。迨復回姆爾媽因。粵多之妻。因在蘭坤同美養痾中途折回。而至美國之宣教師。麥遜夫妻。金建德夫妻。巧斯夫妻。亦適自美利堅至。足時伊瓦底河流域。業已鎖閉。欲以主道輸入內地。非從沙爾屏延河及其支流。別無他地。先生乃命麥遜赴達保。巧斯代先生赴蘭坤。而留金建德於姆爾媽因焉。

先生自蘭坤歸後。以致力翻譯事業。已困憊非常。爲身體故。爲健康故。不得不爲轉移新地之策。以稍資調養。乃時常旅行於姆爾媽因之後格蓮族所居地。格蓮人爲一種野蠻種族。分布於緬甸暹羅及支那各部。其人數不下二十萬。或稱四十萬。乃蠻族之被征服者。言語。風俗。民族性。迥然特異。緬甸人每視爲劣等人種。而輕蔑之。性好山林。每於山林之傍。爲村落以居。如山中野牛。未易馴服。非受他人壓迫。則鮮入都會。其習慣近游牧民族。與緬甸人好居都市者大異。其服裝形式。別成一小團體。先生居蘭坤時。常流連於先生居所左右。先生亦特注目彼族。據博多菲之言以觀。彼實爲一種最單純之自然兒。以與美利堅之蠻人比較。其精神肉體。更劣一等。適如印度人之羸弱小兵。怠惰異常。不起野心。不事爭鬥。又貧而貪。日事賭博。嗜飲食。無大志。無遠慮。物苟適口。必悉取之。以適口之物。導以信仰。必爲之奮。膽最小。優游不斷。亦其特性。惟心常自足。其率由之道。悉遵祖先之所遺。非如蠻人之有獰惡性。對於未來。絕無何等觀念。於緬甸之宗教。夙鄙之而未嘗信奉。若以基督教傳之。則非甚難。因彼等非如緬甸人具有傲慢與獨斷之惡根。且早有白人使者將來來作拯救之傳說也。博多菲初與彼族交接時。彼族有教師一人。持夙所珍貴之書質之。以此書可崇拜否問。啟視之則渦格斯華德發行之詩篇及祈禱書。博多菲乘機導之曰。此爲最良之書。但此書非可崇拜。可崇拜者啟示此書之神。彼聞言大悅。先生之敢敢於彼族旅行者。蓋以此也。

第一次旅行。結隊或八人或十人。每二人爲一組。分遣沙爾屋沿支流之左右。深入曠野。數日後。復與先生會。各爲報告成績。又於已知悔改之緬甸人中。選優秀青年教育之。學成。使爲教師。與以教役之責。其教師養成法云。

予於神學之觀念。與多數人之觀念頓異。予對於愛慕基督之青年。使其理解哲學。研究奧旨。歷年以來。委諸勤謹教師之手。教之導之。卒無成效。此則實非予之所欲。予今知以此方法。教導現在之青年。反足以破壞其前途之希望。今之緬甸教會。暫時似無用何等方法之必要。但使理解聖書足矣。更進而求之。使彼等備具高尙之思想。於理解聖書外。更使之通曉歷史地理。則予願亦已遂也。」

第二次旅行。施浸禮於格蓮人者二十有五人。其後又得專心求道者二十有五人。此二十五人中。有雖未受浸而始終信仰。至死不渝者。有至臨死時。預請友人將先生所著之「基督教大觀」納諸懷中以葬者。有華裝婦人。爲先生感動而去其裝飾品者。其他信仰之見於種種表示者亦有之。至一千八百三十二年二月十一日。第二次旅行既終。遂復歸於姆爾嫣因。

一千八百三十二年二月二十九日。至三月十一日。爲第三次旅行。此行也。先生漫遊河上。遇一舟。舟中人聞先生聲。即信爲基督徒。舟既去。一舟復至。舟有老人。乃篤信基督教。而熱望施浸者。先生即爲施之。既施浸。致書於友人曰。

有一信上帝之老人。以垂暮臨死之年。兩腕瘦骨如柴。振盪不已。猶以人間最上者惟上帝與我等同在之語。朗呼不已。神道之入其心者深矣。此種英邁之人。予於格蓮曠野中僅見之。噫。若有嵯峩山嶽。聳立四面。環以河川荒蕪之地。人民散布其間。其所謂偉大者。即上帝也。而彼乃依聖靈之力。得福音以洗滌罪污。知人間最上者。惟上帝與我等同在。若而人者。誠足重矣。乃爲作歌曰。我等將勞動於此曠野。將告白於此山嶽。從地獄以救此世救主果爲誰而死。

老人受浸之次日。忽有一可悲之事者。則以馬尼榜夫婦之信道不終也。馬尼榜夫婦。格蓮人之受浸有年者。竟爲撒但誘惑。因幼兒罹病。遽爾離主。謂不得不放棄信仰。與歌詩讚美之事。因此之故。而有心求道中途改志者六人。先生遂引去。是行旅程殆一閱月。施浸者十有九人。合之姆爾媽因所在之格蓮人。共八十人。其中逝世者一人。破門者三人。

一千八百三十二年三月四日。先生以在達保者。祇麥遜氏。宜派人助理。麥爾儀可設立教會。格蓮人之西北。從養雜連河岸。遣使求示得救要道者甚切。確標阿發亦無一

第九章　姆爾媽因之生活二　一五四

基督教會。暹羅首府榜扶克。及其餘小都會。若可顧及。亦須派人前往。需人孔亟。因聯銜回國請派人來緬分任要工。至次年一月一日。宣教師之由美利堅以來姆爾媽因者。遂有數人焉。

一千八百三十三年。報告祖國。計受浸禮者百四十三人。內蘭坤三人。姆爾媽因七十人。達保六十七人。麥爾儀三人。先生赴緬甸後。前後受浸者共五百六十人。除名者祇十七人而已。

一千八百三十四年四月十日。時先生年四十六歲。與博多莽之妻夏利氏結婚。博多莽死後。其妻繼亡夫之志。宣教於達保之格蓮人。不遺餘力。且殫心竭力。經營學校。爲長期旅行於格蓮內地者。不知凡幾。每出行。命人負幼子隨其後。登山涉川。越林逾嶺。備嘗艱難險阻。美利堅友人。屢請返國。均爲拒絕。嘗云。「博多莽臨終之光榮。以鼓舞激勵。不屈不撓之精神予我。並以從前不可知之信仰希望我。故傳道之光榮。自彼死後始著。」再婚後。送其子爵爾已博多莽回國。以兒童居於彼方。身體必至衰弱。或至死亡。即倖免。長成亦難期強壯。而爵爾已則其時已六歲也。

耶德遜

一千八百三十四年五月三十日。翻譯緬語聖書成。先生平生最大事業惟在以言語傳播福音。第以翻譯聖書。爲基督教在緬永久之計所必要。別人亦無可躬其役。所以艱難痛苦。在所不提。而利用說教教育及入牢旅行之暇隙。竭前後七載之全力。而克償厥志。先生從事翻譯。孜孜不倦者二十餘年。然十七年前在蘭坤所分佈者。僅馬太傳最初之五章耳。一千八百三十年七月。將去蘭坤之日。譯成者祇創世記出埃及記詩篇十二章雅歌以賽亞但以利等數册耳。其後再居蘭坤者有年。蟄居姆爾媽因宣教師宅又有年。始蕆厥事。心力亦費盡矣。然聖書譯成。先生亦可稍慰矣。書成之日。先生嘗自謂曰。

予感謝上帝恩惠。始達我最初之目的。我在上帝前。以最後之一物。置之於膝而獻之。以求赦我污此事業之罪。至所附着之謬誤瑕疵。吾將努力除盡。且更願因獻於上帝之榮光。得上帝之援助。我今者偉大之神及耶穌基督賞讚之歌。爲緬甸全土之器具。均譯成緬甸語。皆聖靈之所賜也。

一千八百三十三年六月二十八日。送夏曾博士一書。以歷述其翻譯事業之困難。書有云。

翻譯有二種。一獨立而行。二先修正其詞句。其最要者。如欲翻譯聖書。非以此國語與同種之國語翻譯之不可。此國學者所知之國語。無論何處。必擇未嘗翻譯之地方語譯之。並使赴該地之宣教師執行其事。如赴該地之宣教師。多讀該處書。習熟該處語。則費數年之日月。必能充分使用其國語。至翻譯時。盡出腦髓絞出。譬如蜘蛛出絲於腸而結成密網。其次則宣教師可採用該國學者翻譯之聖書各手一部而利用之。心思靈敏。智力充足之人。無論何人皆能有所資助。夫不藉他人之力而獨自翻譯者收效極少。亦極難。若依賴得人。輔我者多得忠實之人協力從事。較之獨自翻譯。更爲良善。可斷言也。

聖書雖已譯成。而修正之功。猶不能或懈。觀先生致本國書。可畧見矣。書云。

予所急欲得者。斯艱阿爾德倫濱遜斯德等之註解書及最良之德意志書出版後。願無待我之懇請。從速寄我。予屢於客搭爾德及媽亞淸之表紙。見有貴重書籍。不禁大聲疾呼曰。書籍乎。書籍乎。我之主國。終賴於爾。若用載廣告之船。將書籍寄來。

其有裨益於王國者實多。予所發之書簡。至少二次或三次矣。予急待回音之渡海而來。請求之書。不卽寄來。予於此書。無可訂正。此書之訂正。恐須在三年以後耳。

一千八百四十年先生嘗云。

去年十月二十四日。予甚喜者。予印刷新版緬甸語聖書所附之最終之一頁也。是書四疊。約計千二百頁。舊約聖書修正困難之事。予實心碎。然大半之修正已完成矣。自撤母耳前書。至約百記諸書。已印刷之刊本凡二千册。予大滿足者。予得駱賤紐塔舊約書註解全書。及其他所著之有價值書。予尙希望全書之能讀一遍也。一月前。予欲完成修正新約聖書。於印刷進行之中。修正者復從而修正之。然恐終不果也。故予赴當養後。仍繼續修正之事業。在本月二十二日。始以最後一頁之校正。摺付印刷焉。修正及印刷之業。前十月二十四日告竣。實可喜可慰之幸福日也。予修正是書之時。較最初翻譯時。實費多數之時間與勞力矣。予於聖書學者及註解者。並德意志神學者之間。努力不少。此實可爲予最初立脚地之正當之證據焉。

先生從事翻譯修正時。視舊約聖書極重大。於翻譯中確信其事之尊嚴。一字一句。悉出上帝之口。非敢參以己意。迨譯成後。擬以必要的批評。及信仰的研究。漸以新約聖書及福音書價值更爲重大此先生暮年。所以僅說基督之福音也。先生意蓋謂舊約聖書。特以與猶太人。故全體均適用於猶太人。嘗謂舊約聖書之重大者。爲說明新約聖書而已。基督因克盡完成摩西之律法故舊約更失其力。拾一律法而爲道德的律法。此不可不服從。拾他之律法以爲儀式的律法。則無服從之必要。與之徒守儀式的律法。直無一顧之價值。我等與舊約之律法實際上未有何等之關係也。我所主張者。有人世。卽當有聖書。如無人世。斯聖書乃可不必有焉。

吳沿蘭博士於先生之翻譯。嘗爲之贊曰。

彼之翻譯聖書。非實在確信者。絕不從事翻譯。其於自己現在之知識。非自信確近於眞理者。必不着手翻譯。彼惟堅持此旨。所以雖努力爲之。猶以爲或未盡努力。雖殫心研究。猶恐研究未盡透闢。於己之所知所識。常憾或有不確。或有不正。故對於上帝。常懍懍然若不能出諸口。蓋欲得眞理之指導也。彼之事業。可以對幾千萬不朽之靈魂。彼之胸次所往來者。則獨具一極懇摯之願望。蓋無刻不求上帝之意志爲之啟導也。彼於緬甸全土之國民。欲其洞識聖書。然思非示以緬甸語則彼必無從領畧。故特委身翻譯事業。以忠實出之心則欲其功之速竟。而事關重要。又不敢求其急就。而艱苦堅忍。雖歷數十寒暑。經幾許變故。而此志未嘗一息餒。有以聖書求示者。解釋苟非十分詳澈。返心卽不自安。然於聖書原文。求詳澈之解釋。則極難滿意。蓋聖書之翻譯。有時不得不多用緬甸語中之習用語。而緬甸語則爲國語中之最單純者。其文字於新約書中。能表示原理的別異之觀念者甚少也。彼在緬甸時。無論所到何處。必讀緬甸語之散文及其詩歌。緬甸人之補助者。及執筆者。又未嘗或離左右。於同事中之有通緬語者。必求訂正。而爲所求者。亦樂策全力助之而不辭。故彼於全部聖書訂正修正時。校對必詳。字句必精。一言一句。極爲注意。幾無一字爲未經研究者。以如是之用工。及忍耐之能力。其完成之結果。與豫想不相違者。自然之理也。識者謂先生翻譯之聖書。至今日猶盛稱於印度。而以爲此種著作中之最完全者。誠非虛語乎。

緬甸學者某嘗於先生翻譯之聖書有曰。

先生不徒爲精神的緬甸基督教會之建設者。其於緬甸教會。爲永遠之維持使之窮極發展。皆賴先生之手所成之緬甸語聖書實吾等之所公認者也。上帝之言。第一次經其用緬甸語翻譯後。已無阻碍發達之處。神與人之本性不能生同一之結果。自上帝之言語。一經顯出於緬甸國語之中。則神聖也。愛也。罪也。小弱也。即互相握手。而結交。一切之關係。自聖書譯成。則上帝之言。其爲生命與主權。謂之爲不朽之物可也。屋伊格列夫及爾列爾對於該國語之勞力。我等尊敬彼等。亦即此耳。由是而有以他國語爲文學品。如先生之以緬甸語之完全翻譯聖書者。我等當以何等語言贊之。曾不能以吾口之所言。達吾心之所尊仰矣。

先生初爲宣教師時。嘗自計於心中曰。我若以緬甸語譯成聖書。且於此地之上。得百名之信徒。以建立教會。則吾願可以少償。然至死猶抱此希望也。今聖書之翻譯成矣。依於一千八百三十五年之年終總計之。翻譯之聖書。推行亦極廣矣。其爲姆爾媽因教會之牧師。信徒已得九十九名。至是年之終受水禮者尚有數人。其他各地。如緬甸人。格連人。合算之尚數百人。此地之上。信徒不惟百名矣。其發達誠遠超始料之外矣。

執誠所託。神之所予。必過所求。不信然歟。
一千八百三十五年十月三十一日阿比旺生。阿比旺者。先生以久別之妹之名。與其亡妻之名。合之以名此兒者也。
一千八百三十七年四月七日亞多乃蘭布饒生。
一千八百三十八年六月。施浸於董多人之最初悔改者。是時緬甸全土之信基督教者。已逾千人。各處均設有教會。先生是時年已五十矣。任緬傳道至是月十三日已滿二十五年。其母之居於故鄉者。已八十餘歲矣。
是年先生因積勞之故。患肺病。因醫生及兄弟之勸告。乃轉地療養於加爾加大。留加爾加大三週。健康回復。復回姆爾嗎因。途次作禮拜於舟中。午後又感肺病。到姆爾嗎因三日後。咳彌劇。現險象。其苦較前六週間尤甚。幸爲雨期將至之時。否則一息之延。恐亦難決矣。
一千八百三十九年二月十九日。復赴加爾加大療養於加爾加大者殆兩閱月。歷訪加爾加大及英國僑居色蘭堡之浸會信徒。病稍痊。復歸姆爾嗎因。而第二子亨利。亦於赴加爾加大時生焉。

三月先生之夫人及其子女均病長子長女屢瀕於危。姆爾媽因之醫生及宣教師與信徒友人等咸促先生復航海赴加爾加大。舟行四日遇烈風。為巨浪搖撼。僅二十分鐘。船破舟面傾側勢將下沉。船長極力營救。潮適至湧舟上浮。得免於難。及達加爾加大北方之色蘭堡。假屋以居。嬰兒亨利夭折。而家人病狀則均已平復。旋觸暑病復發。時蘇格蘭船拉蒙色號由加爾加大赴法蘭西島。轉赴姆爾媽因。船長哈蒙林請先生附船往。免船費。且任供億。先生乃偕其夫人及二病兒附船返姆爾媽因。舟行六週時。又遇暴風。中檣折二。第二接檣及斜檣均折其一。帆布悉被吹毀。然船雖簸盪。而於病人身體。不無裨益。在路易港約一月。病已半瘳。十二月十日抵姆爾媽因。船費約二千盧布。船長盡免之。奉以四百盧布。亦返卻。先生乃為書告傳道部。送一感謝狀。并贈注釋書一組。以酬船長哈蒙林焉。

一千八百四十二年七月八日。亨利賀爾生。

先生之母年八十三歲。以是年息勞於馬薩求色茲洲之扶利馬司。時先生之兄弟姊妹。中。惟居扶利馬司之妹阿比格爾一人存耳。

先生自譯成緬語聖經。後。傳道會。計以編纂緬句字典。爲先生請。先生以專力於簡人傳道。計屢辭之。自患肺病。喉部發聲不便。乃轉而從事著述。遂於是而致力於緬句字典焉。

第十章　美利堅之歸航

一千八百四十五年。時先生復歸加爾加大四年矣。四年內又生子二人。一名卡爾司。一名葉多瓦爾。二子生後夫人體更弱。延醫治之。醫言如不歸國。症無可治。先生乃謂夫人曰。吾留幼子亨利賀爾卡爾司葉多瓦爾三人在緬。託姆爾媽因之教師權育之。爾携長子阿比旺亞多乃蘭及葉爾勸藏（生年未考）三人歸美。乃於四月廿六日携同長子三人助理編纂字典者二人與夫人乘搭巴拉公號赴倫敦。七月五日出法蘭西島出路易港時。夫人病已全愈。計單身回美已無不可。先生乃欲返姆爾馬因繼續編纂事業。而命助理編纂之二人先返。夫人以先生決計復歸姆爾媽因也。生離之苦。匪可言狀。乃爲歌九章以寄悲思。

其一

在此青綵之小島兮。君乎從此離別。向大海之東洋兮。吾返寂寞之天。呼嗚呼嗚之嗟歎兮。重會又待何年。

其二

思君之情甚悲且苦兮。別後孤行無友伴。想君亦落淚至無數兮。憐妻不盡復憐子。

其三

幼女之美聲兮。君其不聞也已久。長男之歡呼兮。君繼聞之亦悶悶。

其四

亨利夭亡遠逝兮。床側坐相對。聞其幽微之呻吟兮。君拭吾淚吾亦拭君淚。當今日之時兮。自拭流涕獨傷悲。

其五

愛君之情如湧泉兮。話別之言卒莫盡。願去依上帝以同在兮。憂鬱之懷倘可慰。

其六

吾之靈魂兮。不能離夫君。君之靈魂兮。其與吾同存。顧滄海茫茫兮。惟樂盼乎永生。

其七

吾人漂泊之日終兮。同棲緬甸海岸之家。常撫三嬰以教育兮。吾輩之喜樂誰能盡。

其八

此身相愛復相離兮。相離復定後會期。路遙野廣如天幕兮。吾輩盼望較此尤光輝。

其九

上帝特寵君披其鎧兮。中途勿落膽喪氣。佛陀滅絕緬甸之子兮。咸乍受救主支配。

夫人之獨自回美。其悲楚之情況已畢露於歌中矣。殊先生送夫人到歸美之船後。船且未發而夫人病又復作。其衰弱比前尤甚。不得不與船長馬多莽結約。與夫人同乘直航返美之斯扶伊阿沃加號歸美。七月二十六日。由路易港出帆。時氣候稍寒。深冀出喜望峯外。稍覩陽光。病可稍痊。不意八月二十六日。船到聖赫烈納島。生機已將盡絕。竟於九月一日午前三時死焉。是日午後葬於聖赫烈納海岸之共同墓地。該島信徒數人為釀金營葬。并備各小兒喪服。葬後送先生等至船而別。

夫人死之翌日。先生自記於日記簿有云。

我等於是日之夕。不得不與諸人話別。我愛妻亡骸所休息之海岸。今晨已杳然不復見矣。而我等船室之寂寞。又何如也。雖然吾妻去此世。吾惟希望其與基督同在。

從其所賜之恩惠平安以大慰其死也。彼亦二十年未嘗歸航本國。彼在美利堅之父母兄弟親戚朋友莫不切望一會以盡人事之歡樂。然上帝愛彼有以異夫世人者。當臨終之際。視其將見榮光之救主彼即以熱心見於面而應之曰「他無所求也」我等殘留人世依信仰所約束者。可必得之步其後塵者。想亦可蒙其惠。

一千八百四十五年十月十五日先生與三子已安抵波司凍國人聞先生之至也全市歡迎。爭以一覩丰采爲快蓋幾如大將之凱歌而還者。停車之所惟先生是擇先生素持謙遜。於稠人廣座中受人贊頌。承人尊敬。恆不自安。托馬司葉加宋云「彼在公衆席上。遇人對己讚賞彼即垂首而現不樂之狀」此言誠深知先生也先生於國人之歡迎。爲夢想所不及。都人儕集。忽出於意料之外。其感激與愧歉。不覺爲之交集。矧身體之健康已失。肺病又深。偶叙寒暄。已形艱澀。且久居外國。鄉音亦已半改。今忽操英語以與鄉人相見。信乎尤莫可名狀。所以初受歡迎會時。於萬人攢集之中出以柔聲細語。幾與緊守里門遇人輙訥訥之流。無甚軒輊者。

先生歸國後。美國各報章無論於宗教有無關係。莫不詳細紀載。所有行動皆備揭之。

而所赴之教會。則無論何處。皆人爲之滿。駢肩累趾於堂外者。所至皆然。歸國次日之夕。波司頓顛因司亞葉亞開會歡迎。夏普博士致詞曰。

今在主聖主公之塲所。承神恩賜。得晤先生。其不能顯言之感情。實難自達。聆溫婉之摯論。如坐春風。聞其言與親其光者。咸爲欽敬而悅慕。於公衆大會中。道德之氣。遍洽一堂。各人尊仰之忱。自不能已。今僅爲我一人對於先生之滿腔熱誠。將吾思慕之念。信仰之情。感佩之衷。尊崇之意、一爲之表現於此會塲中。本爲不當。今謹依我基督教徒之禮。在公衆之前。代表公衆。以申仰慕焉。

夏普博士致詞畢。先生起而答曰。

辱蒙諸君悫愛歡迎。又承上帝之恩。許我今夕。得立於諸君之前。我對於諸君之同情與助力。深爲感謝。我又常祈上帝之恩寵。多歸與諸君。我在緬甸之事業。悉本諸教會之命令而行。我等不過以無甚價值之作爲。効奔走之勞而已。今於會衆之前。我之感情。所以不能自由發表者。(謂因肺病不能多言也)因我之生涯最苦難也。此苦難之加諸我身者。不知凡幾。然我常以果敢勇銳之氣當之。以至於今日。我爲殘留於緬甸之兄弟等。又爲該處所建設之小弱教會。求進行上帝所恩寵之事業。以至全世界皆充滿此榮光之時爲止。此則深有祈望勵助於諸君者也。

先生答詞畢。雄辯家赫克博士登壇。突有一人排衆而進。直立於講壇上。赫克博士之演說。爲之中斷。先生忽見此人。卽愛情勃發。流淚而互相抱者久之。此人爲誰。卽三十餘年前。美利堅抱外國傳道之絕大企圖之當時神學生團中之一人名薩繆爾喏託者也。初赴印度時。彼亦加入五人之中。未幾以病歸國。此時除先生外。五人中存者祇此一人。以三十三年久別之同學同志。在衆人集會歡迎時邂逅之。其快慰應不知若何矣。

先生與人接談。惟以十字架互相勉勵。而於自己之冒險及所嘗苦況。甚少及之。嘗有一婦人。向先生致詢曰。先生對於地球反面之緬甸生活。何故不吐一語。先生答曰。自地球反對面來者。除耶穌臨終時可愛可驚之話以外。別無可言。此話又爲我夙昔所喜言。我之任務。爲述基督教之福音。我述福音時。本不應旁騖他事。我今日相見之人。我誠知爲異日可得相會之人。若挑撥其好奇心而不以適當宗教統系範園之。我心何安。爾當知僅以有趣之浮詞。促人之冥想。基督教之福音。實不若是也。我今與爾相見。此誠有與之以一好機會者。我若就我之已事語爾。爾將虛擲此機會於我之冒險談矣。我而令爾虛擲此好機會。倘可恐之詰責來時。我將何以受之。

扶沃司博士曾記先生在普利馬司說教之印象云。

古教堂濟濟多士。席爲之滿。我在廊下一隅。得一椅而坐。教會牧者讀歡迎詞後。見一低聲瘦體之人。立於講壇之上。予初甚感失望。予固育於基督教家庭者。於宣教師如先生。予已素熟其名。予在幼時。從仰慕中意想及之。以爲必一雄辯大家。氣宇軒卓。聲音洪亮。每一啟口。必響振衡宇。以不可抗之舌鋒。壓伏羣衆。今何出吾意料之外。迨彼以簡單之言。漸發抒其議論。而於喜悅耶穌之誠意。反覆引申。予於此時。其爲雄辯家與否之問題。如冷雪之遇烈陽。不知消歸何有矣。同時更有一種溫和之感情。貫輸於羣衆之中。如潮而至。始知先生之所以受人尊重者。卽以簡單喜悅耶穌之思想。而行其一切事業也。我仍一少年。雖喜悅耶穌。而究不能努力。吾聞先生言。吾淚盈睫。吾之感情。已滿壓我咽喉。而聲無自發矣。我將何以得耶穌之喜悅而爲之從事乎。彼說教時。以極單純之思想。激動我腦系者。不啻數百回。在廊下一隅。夏暑烈日。此情此景。今爲記憶。猶昭然在我目前。我昔以雄辯擬先生。我今固不知揣摩聽者之心情而令聽者皆神怡情悅之爲雄辯。抑素樸誠懇。出以眞摯。如小兒者之爲眞雄辯也。

十一月十九日。宣教師會開三年一會之大會議於紐約之巴普鉄司託會館。先生赴焉。可恩博士致歡迎詞後。介紹於議長粵蘭德博士。博士復對會衆表白平日之渴慕。又代表會衆致詞歡迎。先生以醫生之約禁止高聲演說。略以數語致感謝意。是日會議提出廢止阿拉康傳道案。得先生委婉辯論。此議得以中止。會議畢。往普拉多福德之間。訪其原配夫人安哈爾司欠氏之故鄉焉。

扶伊拉鉄爾扶伊亞宣教師會歡迎先生。先生蒞會。其演說云。

我效基督。爾曹效我。皆上帝之命令也。宇宙曠漠悠久之間。結合人性神性之良德。實賴有一人在焉。耶穌基督卽其人也。如欲傚法耶穌基督。則非得如彼之靈與性質不可。其全生活非如彼亦不可。故欲傚法耶穌基督以發見其有榮光存在之特

第十章　美利堅之歸航　

性爲最重要也。由聖書所教觀之。基督特性之一。即在「到處爲善」之一言。我等倣耶穌基督。不可不行善。且不可拘於一隅以行其善。凡可以爲善之處。靡不爲之。此外不可不有熱慮之特性。耶穌力行傳道之生涯。實在於此。由此點思之。我等如欲倣耶穌之所行。非盡力於傳道之生涯又不可。我未到以前之緬甸人。不知有眞神。今則依於耶穌基督所救之男女老少。已有七千萬。然彼等仍不信神之永遠存在也。彼等所篤信。爲死後成獸之虛無說。禮拜唯一之目的。彼以爲去苦而已。死後與友人相會之說。彼未嘗知之。且嘗非之。彼等不知有神之狀態。我基督教之信徒。可以想像而得其大概。海中諸島。其狀態與彼不甚相遠。神爲導彼等得永遠之生命。故遣其子告之。試默察神所啟示之人。可以知矣。諸君乎。今若有人來示以去天國之正路。諸君未有不喜。未有不齊集於齎致福音之人之足下。與之接吻。然「一人對於諸君。如諸君之願。諸君對人。亦當如之」。予本擬以充分之言。表白於諸君之前。奈因醫生力戒發言。不得已乃託之他人代爲陳獻。然我現時之所言。料諸君亦必許我也。予以傳道之責務。爲最光榮之職業。蓋凡從事於主耶穌基督之事者。苟爲一忠實之傳道人。斷未有比之不忠實之傳道人。反爲見鄙於當世。由是觀之。得從基督而盡力効傳道之命。豈非大幸乎。主耶穌亦曾在世傳道。今雖非傳道者。然主退此職與門徒之時。曾有約云。「試看我自始至終。與爾共在」則耶穌今雖非傳道者。而傳道者中。無時非主所在可知矣。此多數之傳道者。所以因此言而心志益堅也。至於諸君若有不能爲傳道者時。則以祈禱勢力財產。貢獻於他傳道者可耳。主耶穌基督。願以如是勸助於傳道者也。吾人更當常依在天父前爲吾人作中保之基督之祈禱。併其所賜上天下地所有一切威權之基督之能力。以得聖靈之新賜物而啟發其無知識之子女之心。故傳道者之傳布福音。大非偶然爲之可告無憾也。凡欲如基督。學基督。必自「到處行善」始。諸君若有欲從事傳道事業而未能者。須懇切祈禱。終必與持有助力者遇。倘在此世倣法基督。則在來世亦必如基督。我等於上帝特殊之事業。苟視其所能而盡意盡志以肩任之。即可以於永遠幸福。默爲感召焉。

先生於華盛頓集會之時。嘗有言云。

給宣教師之衣食住。所費頗要。我等在緬甸維持生活之費用。所需尤鉅。然而徒爲金錢之犧牲。猶非宣教師唯一之大犧牲也。一切家庭之安慰。社交之快樂。莫不可犧牲。生命亦可犧牲。在印度之美利堅宣教師之生命平均短促五年。故外國傳道事業。金與人之問題也。以如此重大問題。我等不能不協力犧牲之。若有樂任外國傳道事業而實行之者。本國教會當給以衣食。送至傳道地。使得盡全力以從事於其所樂任之事業。而不以生活擾其心焉。

其在烏沃他比爾大學之波多滿傳道會演說有云。

我親愛之兄弟乎。我今立於此之場合。覺有無數之感想。勃然發起於胸中。我欲有言。將以何者爲始。我幾不自知其何所選擇也。我想諸君之大部分。將以教役者爲目的。而欲學爲宣教師之生活。我今卽與諸君畧言傳道及宣教師之生活。宣教師之事業。極爲困難。其責任亦極重大。以此爲應盡之天職。而勉強人以執行此事業。實非予之所欲。如必云强制從事。則其所强制者。亦從上帝而來也。予今有一最大之思考。卽我等之生涯。能得永遠之準備者。祇有一而非有二也。諸君若有四箇或五箇之生涯。於是而將此生涯。隨意消耗二三箇。不計其有益而不之惜。猶尚未爲不可。然而諸君之生涯。亦如予之祇此一者而已。此一生涯中之一切行爲。悉爲諸君永遠事業上之着色所存在。救主爲諸君主持一切。而諸君求喜悅於救主。乃反欲消耗其最寶貴之獨一無二之生涯。此則不可不深長思之也。今爲諸君計。無論値如何場合。皆當不徒以「盡義務」與「救靈魂」爲其目的。而以「求救主喜悅之一事。」爲其目的之最大諸君行爲之動機中。宜以此爲第一動機。諸君若問如何方得主之喜悅。則除「服從主之命令」外。別無較此爲優者。蓋服從主之命令。確爲得主之喜悅之法門與唯一骨幹也。主將昇天時。不曰汝等當往普天下傳福音與萬民聽乎。若能遵行此命令。其必得主之喜悅。可無疑義。適纔有一人問我云。你初赴異教國之心。果何以決心毅力若是。其爲愛乎。抑爲信仰乎。予略爲自審。知二者均非也。然則予之決心毅力果何爲而若是。予猶憶予昔在安多發神學之森林中。其令吾幾陷危境之情况。猶恍然在目。蓋予在當時。全然如居黑暗。絕不知有往外國傳道之工。每念遠方。又輙以爲瘴癘地。且其時美國人之出國外傳道者。尚未一見。

幸「最後之命令」忽從天而降。我之觀念。遂爲觸發。且并無疑慮。祇求爲主耶穌基督所喜悅。卽犯如何危險。皆以堅決心赴之。語最親愛乎主。若欲諸君爲傳道者。諸君當勇果勤敏服從主之命令。若出以怠惰。參以猶夷。斯殆矣。

耶德遜

先生之返美也。名震遐邇。不獨新英洲知之。卽北部諸洲。南部諸洲。無不愛慕其名而欽敬之。蓋先生於是時。已非一市之私有物。且非一國之私有物矣。承北部諸洲歡迎後。已決志遍歷南部。奈健康已失。不克如願。所以在巴爾滌姆亞受最熱心宣教師會之歡迎後。卽返轍於北部焉。

一千八百四十六年六月二日。與發尼福列司他。卽當時文名藉甚之葉米利卡拔克結婚於紐約哈米爾凍。葉米利者。以一千八百十七年八月二十日生於紐約之伊凍。詩歌文藝。冠絕一時者也。家素貧苦。幼年卽嫻各種工藝。以其所入足助家用。十一歲作工於手織工場。旋充小學校女師。有考察該校成績者。對人言曰。該校生徒。年長於教師。而小教師教授之優良。必收良效。年未二十。卽能作最有價値之詩歌。登之報章。油堪加女學校長血爾凍夫人。讀其所作。使就學自修。而免其學費。二十二歲爲人女學塾教習。課授之暇。常作論登報。或爲人作講道之書。獲其値爲養親用。一千八百四十四年六月。赴紐約。伊爲領吉米拉者。紐約最有名之雜誌社也。聞葉至函乞投稿。該雜誌登載葉氏傑作極多。一千八百四十六年五月。吉列托博士。赴波司凍迎先生。瀕行。車已先發。二人。坐車次候繼發者。吉列托以久候無聊。向友人假葉米利近作讀之。讀竟。以授先生。先生一見大詫曰。以此奇才。徒以著述見長。不無可惜。旋以可否謀面爲吉列託問。吉列託允爲介紹。時葉米利盖客於吉列託家也。是夜先生投宿於其友買巴茲所。翌日訪吉列託。吉列託爲介紹於葉米利。兩人相見。如舊相識。先生怪而問曰。具此才能。道書之外。何兼及無益於世之作。答曰。世之好道者少。示以此等雜說。隱寓勸善之意。亦所以免人之入於不善也。且投所好。銷售必多。獲利亦厚。先生曰。代作夏利氏(先生續配也)傳可乎。答曰可。由是互相往來。情益洽。繼復問可否同往緬甸。葉亦允諾。遂結婚約。至六月二日。而行結婚禮。葉米利固文學大家。而亦慕道素篤者。幼時聞安哈爾司欠氏(先生原配也)之訓。已被感動。今越二十年。竟繼安氏後。而與先生爲夫婦。聞者咸歎爲奇緣焉。

第九章　美利堅之歸航　一七八

結婚月餘。先生乃以阿比託之佳普利馬司之妹之手。以其二子託之烏沃司他之尼又東夫婦與葉米利偕同宣教師數人由波司陳啟程。復返緬甸。時一千八百四十六年七月十一日也。

耶　德　遜

第十一章　晚年

先生由美返緬。是爲晚年時期。返緬之船何名。則柳粵爾火爾號也。船長亦熱心宗教者。在船上日與先生等歌詩談道。意氣相投。幾不知役役於驚濤駭浪中焉。自七月十一日由波司頓揚帆。歷一百三十九日。於十一月二十日。安抵姆爾媽因矣。至姆爾媽因。知留美三子。又殤其一。悲悼久之。惟傳道事業。則面目一新。計其時爲教會牧者則司基溫士其人。而健全分子。益爲所收吸。火瓦託及比勒所建之學校。則生徒益衆。拉勒則分任印刷及其他職務。哈司烏葉爾則爲別鳩語之聖書翻譯監督。司基爾送則專任學校教科書之印刷。分職互策。井井有條。先生以此中進行。已蒸蒸日上也。而曾救緬甸內地之旨。益不能已。蓋昔戰場之蘭坤。爲先生所刻不去懷者。爲先生以緬甸新王。雖素崇佛教。於眞道雖絕對反抗。然欲完成英甸字典。則以蘭坤爲最適宜。蓋此間學者衆多。而參攷書籍。亦不如姆爾媽因之難得。且任職於姆爾媽因者。已各得其人。而蘭坤之黑暗。有待於啟發開導者。匪異人任。不得不力爲其難也。遂以一千八百

第十一章　晚年

四十七年二月十五日。携其二子及葉米利前往。航海五日。安抵蘭坤。至則獨自一人訂租住所。以月租五十盧布。租大屋之樓一。然屋雖寬敞。而窗戶閉塞。此未締約之先。先生之致書於葉米利。所以有「如監獄之暗。我心實不願汝及子女輩來居此洞穴。恐汝輩悲鬱之餘。而至於死」之言也。但葉米利堅意與先生共艱苦。卒與其二子同先生入處此室。而名其屋爲蝙蝠館。館之所以取名蝙蝠。葉米利曾詳言之。今爲紀其言如左。言曰。

我等以一千八百四十七年二月二十日到蘭坤。舉家數口。蜷伏於蝙蝠館。館胡爲以蝙蝠名。以蝙蝠爲館主人也。蝙蝠先我等於館內聚族而居。屋梁楹桷。巢蝙蝠者不知幾千萬。其鳴唧唧。如蟋蟀然。雖値白晝。亦往來交飛。縱橫如織。時遮天日。若不知是彼之所有權。已權屬於我等也。日甫昏。則飛搏聲叫囂聲。驚心動魄。令聞者毛立髮竦。我等無如彼何。惟將蚊帳爲唯一保護物。而猶恐蚊帳之保護力或有不足也。帳之四周。必以重壓物爲帳作捍侮之助。每入夜。輒不敢出帳外一步。恐爲蝙蝠襲擊也。彼若自以爲無害於人乎。彼黑夜之舉動果何如乎。彼何故飛拂人首乎。彼又何故張其暴厲之爪於人前乎。彼又何故見人苦痛煩惱。而如嘲如笑。欣喜不去乎。我等見彼之兇殘也。曾僱人驅除之。一禮拜之間。慘殺以數百計。而彼等之日增徒侶。乃二倍於前。如惡魔之靈。結隊而至。椅桌牆壁。悉爲所污。四壁雖寬。竟無一寸乾淨土。彼殆將因我等之對以嚴厲手段。而固爲我等作難乎。且蝙蝠之外。油虫蜘蛛。蜥蜴鼠蟻蚊蝨等。又皆助之爲虐。充滿棟宇。若輔蝙蝠之下逐我等命令者。

先生之在蘭坤。非惟居室卑隘。行動亦遭牽制。蓋先生雖爲緬政府之承認保護。然其所承認者。祇以爲西洋人之牧師而保護之。非因其爲緬甸人之宣教師在蘭坤而保護之。蓋蘭坤非若姆爾嗎因之立於英國政府保護之下者也。且緬俗素信佛教。王及王子奉之維謹。王弟至以貴冑而捨身沙門。緇衣玄裳。傳道鄉曲。因之上好下甚。全國風靡。修寺院。施僧侶。佛教之發達進步。幾有一日千里。燎原難撲之勢。先生之幸免毒害者。亦以英政府之威。預有以褫緬人之魄耳。乃蘭坤副知事慘暴異常。阿愛尼亞人之回教徒。因彼索賄不遂。遭慘斃者已二三人。而對於耶教。則更加以亘古未有之壓迫。故宣傳主道。不得不以秘密行之。蓋該政府若知人民之改宗耶教。則必縶其人嚴加審判。或死或囚。視爲定律。宣教師則驅逐出境。不得一日留也。先生受此虐遇。惟謹言愼行。一面編纂字典。一面密集禮拜。葉米利則一面研究緬語。一面作先生原配夫人之紀念錄。然緬甸教會之被禁。會員夜半叩門訪道者。猶往來不絕。先生之心。亦可稍慰。無奈所居未幾。竟全家罹病。而藥餌與滋養品。又皆無可購求。且適際該處舉行繼續齋期。（緬例五十年舉行一次。）雖外國僑人。亦不能不禁絕肉食。斯數月內。人之賴以養生者。除米及水果外。別無他物。先生家人。其一幼兒。則因食水果而犯丹毒。其他一人。則因營養不良而病。先生亦患赤痢。六禮拜不能執筆。葉米利亦以養料不充。身體羸弱。偶步庭際。有無故傾躓。而不自知者。先生雖備受苦難。而拯救緬人之念。猶奮進不已。卒以此爲蘭坤政府所忌。百般侮辱。使先生不能一刻安。該處知事。對於先生。雖無善意。而對於耶教。尚無甚法外舉動。惟副知事則疾先生如仇讐。有時違抗知事。以軍隊示威。知事雖明知非法。亦莫奈伊何。某禮拜六之晨。有以副知事設法困辱先生。爲先生密告者。至夕。報告益確。謂凡出自先生家者。恐捕縛之。報者未去。已於先生住宅附近。設置巡警一人。嚴密邏守。以爲信基督之人。警時適有格連人數人。宿先生家。蓋爲翌日禮拜準備也。先生聞警。語葉米利曰。「我等頭上。已有惡靈與善靈作戰。雖最後勝負。以我等之眼光。視之如鏡。然何時解決。則未可知也。」隨命緬語教師二人。出報左右信徒。使爲之備。殊教師夜深不返。屋主下鑰扃先生各戶。令進內者不得出。先生哀求之。始給鍵匙一。天未明。遂得以令格連人暗行歸家。爲禮拜之日。先生以召集教友。恐遭不測。乃命緬語教師二人。授各教友以禮拜之法。各於其家舉行禮拜。然其時信主者之密赴先生家。猶繼續不已。未信主者。得先生之書。欣喜以歸者。亦不乏人。則主道感人之深且切。可以知矣。先生受此困迫。非親至阿發。直陳諸緬王。必難挽救於萬一。且編纂字典。非到阿發。亦無從得積學之士爲之臂助。蘭坤所未有之書。亦無可搜集。以資參究。而阿發之行以決。殊美會捐項闕乏。函令先生收縮傳道事業。阿發之行。遂以不果。蘭坤亦難久居。此則先生之大憾也。先生以數年處心積慮。辛勞備受。所建之業。經千挫百折。而畧具根基。人之屬望於先生者。亦謂紅日現已初升。轉瞬將普照全境。先生亦自計開闢之難。已爲所歷。發展可以指日期。孰料縮小命令。突然而來。此則先生所至爲悲痛者矣。先生於失望之極。語葉米利曰。「我思彼等誠愛我。然我若於斯而死。彼等將不知我所以死也。夫我心之所自慰者。以爲我所歷之艱難。所遭之困厄。姆爾媽因及美利堅之兄弟等。必當知之。而且爲我禱之。今而知彼等似非知我。亦似非思我矣。」

先生對葉米利所言。似含怨尤意。而大反於其平昔之品格者。然而先生則非怨非尤也。先生接讀美之來函。嘗謂「凡事皆上帝所定。我等不遵不可也。阿發之不得行。上帝意也。我等不可輕背。不平之言。我等不可出諸口。我等之服從上帝。須較奴隸之服從主人爲尤忠。凡事莫謂爲上帝之愛與惠以外之困難所阻。要當細心研究上帝之意焉。」一觀先生此言。而知先生服從主命。隨遇而安之志。迥非常人所能望及矣。

其後二年。傳道部始函許先生赴阿發。欲因之以成全其編纂字典之功也。然機已過矣。蓋緬甸學者之以博識廣聞推重者。首爲高僧。此時則在阿發之高僧。已離阿發而去。藉以爲編纂字典之助者。已無其人。先生故復書拒之。而於一千八百四十年九月五日。攜家屬以歸姆爾媽因焉。

先生復歸姆爾媽因。即策全力以編纂字典。然身爲傳道界之主任者。佈道講經。萬不能全卸責任。故登壇說教。以爲同事表率者亦常有之。然年老事煩。衰病侵襲。而哈、矢、烏、夜、病。遂乘之而起。

先生身軀不甚偉大而結束齊整。儀表英雋。因久居印度故面畧帶黃色。年雖六十。而聲音洪亮。齒未落而髮猶蒼。與三十餘歲之年華無大分別。其坐臥進退。皆有法規。令人一見而知其爲有教育之人。親其面貌。即知其肉體爲靈與智之所充滿。聆其言語。即知其爲敬虔與明慧洋溢於精神之表。其活潑之天性。則如受訓練之猛獸。其快樂則如又摩亞其人焉。

先生精力強健之人也。平常生活中。常顯露其最可尊貴之美質。至其晚年。世界之光。普照遠近。其平時與其夫人談論主道。研究經籍。以及商酌大小事務。悉如一種特別靈泉潮湧而出。令夫人思其所言。皆基督之事。所行皆本之基督之心焉。凡所演講。必先獨自練習。或練習於夫人之前。每有感激。常至泣下沾襟者。夫人病勢危急。莫可挽回之時。則取其死墓及葬處之光明。以銳利之辯舌。追切之哀情。高超卓絕之偉大思想。爲發表意見之利器。夫人聆之大爲感動。至其感動之神情。有大出於先生本意之外者。

先生又篤於祈禱者也。於密室祈禱中。常取其胸中發覺不絕之新興味。切籲於上主之前。此蓋晚年之時。漸入化境。隨地隨物。信手拈來。皆與道合也。其最著者。則切禱令其子孫誠心皈主之一事。先生常云。「我常爲兒輩祈禱。詢至覺爲予祈禱。如應有之義務」彼又篤信已將此特殊觀念傳之子女。由子女而傳之子女之子女。互相傳授。綿綿不絕。可由二世三世以至萬世子子孫孫。皆可爲眞實信徒。而得以同相會晤於上帝之前焉。

先生最爲注意之第二問題。則爲友愛。蓋有熱情之人。卽有强烈愛情之人。先生亦此類也。此種愛情。有時雖以神之恩寵威力。尚不能制止。先生嘗有言曰。

我對於人類。常有同情。而愛則爲個人之性質。獨是愛之標準。吾知無論高至何處。亦不可謂之過高。蓋同胞皆神之子。皆依救主之血得贖。皆爲救主之愛所保護。且皆受神之選拔。而後立於萬物之上。故對於同胞。須愼言危行。不可加以惡聲。不可妄將祝福彼等之言。加於吾等祈禱之內。吾等愛彼等之情。總須至熱。且須至高。以

耶德遜

夫上之生活當如是也。夫愛之一字。不可一刻息。息則蒙非常之害。此爲理勢所固然。故汝等相愛當如我愛汝等之言。常爲我胸中之命令。所以如我愛汝等。如我愛汝等之言。常於無意中流露之。而嗚呼基督之愛。嗚呼基督之愛之言。亦常疾呼於欣喜之頃也。

先生當傳道祈禱時。其熱心及感謝之情。蓬蓬勃勃。不可遏抑。若與之談及傳道。則無不抱樂觀主義。聲音豪壯之中。頗帶凱旋得勝之槪。蓋不獨信主之大道。終當得最後之勝利。且其對於神之事業。亦不能自禁其誠心贊美也。

先生生平。未嘗自言衰弱。方其在美利堅時。身體强壯。神采較同勞爲優。故雖不得謂之健全無病。而勇銳之氣。則獨冠儕輩。平生雅好清晨運動。自在安朵發爲學生時始。繼續行之。至老不倦。風雨霜雪。無或輟。且非惟散步於平地。常選小山狹道。跳躍馳逐。天眞爛熳。如小兒焉。所以年逾六十。飽飫艱苦。而心情發越。如鮮花。如美錦。幾若不自知爲老之將至。眞所謂永久之青年者。晨起與童子輩。踏露嬉遊。如教夙好。任勞頓之重務。喜泉常乘之而活現。昔有巴伊龍者。於其三十九歲誕生之日。常作歌以自悼曰。

「世態若秋兮。人情如黃葉。世之花若實兮。朽不堪折。舉世混濁兮。惟我獨潔。」其怨歎悲憤溢於言表。先生則臨終之際。猶語人曰「世人有如我之以希望熱情而沒者乎。」其安命樂天之概爲何如。其視巴伊龍又何如乎。尤可異者。則其以嚴正之義務。步狹隘之道路。而世俗人之慕而歸之者。如蝴蝶戀花。不爲之招而聞風樂附。此則非有感人之德。未易語之也。

先生富有樂天之性。而感覺性又甚敏。人苦卽覺己苦。人喜卽覺己喜。人樂卽覺己樂。人憂卽覺己憂。人之遇疾病患難。卽如己之遇疾病患難。其性質之主要部分。悉爲宗教所鑄成。故其信仰之心。百折不回。惟悲哀之事。不足役其心。彼蓋深知人生之所謀所爲。成之與敗。以及一切遭際。皆神所安排。人不過就其範圍以行之而已。故心之所向。常專注於有大光榮之目的。而謹依使徒「其喜勿息」之命令而行。常語人曰。我雖受無窮之煩惱。無量之艱難。然天常給我以貴重而特別之恩寵。故我之喜較憂實多云。

一千九百四十七年十二月二十四日。葉米利法蘭西司耶德遜生。

耶德遜

先生返緬時。以二子託烏沃司他之尼又東夫婦。嘗爲書以勗之曰。願我兒務獲平安而受宗教之感化。我聞葉爾那藏在救主之前。已有信賴之念。不勝欣喜。且爲可喜中之最可喜者。願我愛兒輩。進而準備爲神所召。且爲神選拔。日夜奮勉。則我兒將爲眞實信徒。與我會於天上。可無疑也。我爲我兒祈之。且以信仰爲我兒祈之。汝於上學。其勤習學科。當爲好學生。而受高等教育。勿爲游蕩子。而遺神明羞。夫神之道。眞道也。生命乎。生命乎。人以有永遠之生命爲可貴。若無永遠之生命。則不能參與主之生命。不能參與主之生命。則汝將永遠滅絕矣。亞多乃蘭乎。汝其時捧其心以獻於主。不然則勿眠。汝其睹以生命。無論何人反對汝。無論何學友譏笑汝。勿心灰。勿氣餒。且勿以人之反對譏笑爲念。雖至於死。亦感救主之恩而愛救主。我等之罪。由基督得救。則我等不得不信仰基督。汝既信仰基督。則當速赴牧師之前。求其施水禮而受聖餐。牧師若以汝爲年少。不肯卽汝應。汝勿失望。當堅持信仰之志。奮勇直前。存不得皈依基督則不已之決心。抱無論如何必立於基督之旁之偉志。此則赴天堂之道也。

一千八百四十九年九月某日之夕。先生謂葉米利曰。「世界之大人類之繁。孰有如我二人之幸福哉。我等對於上帝。宜深致其感恩之情於不已焉。」葉米利愀然曰。「我等現雖快樂。然不能長此如斯。後浪擢前波。新人換舊人。自然之勢。我二人不能永久不死。且不能同時而死。將來一人死期已至。一人立於其側。此其時不大可悲歟」先生曰。「然此誠最可悲之時也。汝之生命。必壽於我。將來獨留人世。不能以一時同登天堂。誠不免稍苦汝。我願上帝除去汝之苦痛。如積倫與其妻。使我等携手偕老。同登天堂。則其樂爲何如乎。夫神正直無私。凡事善爲安排。我等苟能同心同力。勤任上帝之業。則我等將來皆操諸上帝之手。上帝必有以安置我等也」

是夜將半。幼兒忽患急病。先生從夢中驚覺。遽起設法療治。陡遇嚴冷空氣。從窗隙入。直襲先生。先生爲冷氣所中。四肢戰慄。急返床高臥。澈夜不寐。寒熱交作。至曉。熱度倍增。大病之根固植矣。至十一月衰弱彌甚。雖有時或似回復。而病勢旋增。以先生希望之勇。亦似可與魔敵。而病魔乘得勝之勢。日愈緊逼。以搆成險惡之象。每日大痛常二四時。先生以愉快之精神。堅壯之體魄處之。每不以爲意。然醫者診察。則爲先生危矣。

耶德遜

所以葉米利每疑醫者之張大其辭焉。

十一月以後。病雖日劇。而祈禱弗輟。每日除祈禱外。輙以平時之修道有得。自制有效者。爲葉米利縷述之。日者如有所感。突爲葉米利言曰。「予終得勝。我雖不能如上帝令我愛人之程度愛人。然可以我等在天國互相愛之程度。愛被基督所贖之人。且我愛奉耶穌基督之名所育之嬰兒。比愛己更甚」先生此言。實基於聖經。「我等當互相尊敬」之語。而發揮盡致也。繼又曰「我深覺對人無愧。對己無怍。實爲我之幸。然我知自上帝觀之。則我自知無救主之功績。而爲無望之罪人。今我於應盡義務上所有之過失。不知常有擾我良心之罪否。若有則明以告我。

得病以後。平昔清晨運動之功。已不復行。每日惟端坐一室。常自言過受恩惠。且謂今所受基督無量之愛。難量之慈。爲平生所未有者。又常拍案朗頌曰。「基督之愛。……基督之愛。……我等現雖不能了解此旨。然永遠悉心研究。亦一有趣之美事事也。」頌畢。雙目盡赤。珠淚熒熒。直注兩頰。

是時醫生以披海風。浴海水。爲先生勸。先生乃赴阿姆斯德。殊居留一月。體彌弱。步履

第十一章　晚年　一九一

必賴扶持。呻吟之聲。響達戶外。否則竟日均在睡鄉。有時爲痛苦侵襲。不能成寐。則強忍以力述其少年時代。大學時代。被迫繫獄。及初年傳道所經過。爲葉米利津津樂道。以解其憂。又時以基督之愛爲題。反覆推闡。然氣殊短促。出語幾不成聲。卽爲最簡捷之祈禱。亦幾不能暢所欲言矣。

葉米利此時已知病勢沉重。急爲書馳告姆爾嫣因衆兄弟。衆得書。立派人促先生航海。以從醫生命。不料是時航行遠港者。皆已揚帆他去。迫得權遷寓別宣教師宅。以見寓之有碍健康也。遷寓後雖似有不復望。而終無大起色。議者遂以航海之策爲萬不容緩焉。方籌議航海時。先生爲極痛苦之呻吟曰。『上帝之心。將欲取我於此時乎。若眞欲我死。我將勇往喜躍從之。惟我終不能航海。我之苦痛。實在難堪。古今天下。曾有如我之苦痛者乎。』語罷。沉思者再。言不出口。而唇屢發動。航海之策遂決。此時尚能勉强緩步中庭。爲散步之運動也。至夕、久臥椅上。欲一起行。殊扶椅舉足。纔立卽傾。使無人力持爲之。恐此時將以一蹶而終天年矣。

自此一傾。遂難起立。兩足浮腫。先生恐別症繼發。急思航海。葉米利亦欲以此遏他症之乘。先生謂葉米利曰。我生平所最愛者海之汪洋。船之搖動。暑日炎烈。居陸地人稠之區。不免窒人氣息。惟浮於海。吸鮮氣。至足樂也。此外無其他願望之必要。語畢。向葉米利微笑四五次。卽大叫曰。基督之愛。：：基督之愛：：

某夜將半。葉米利尚作工於病室。先生見而戒之曰。「汝勤勞若是。非善也。汝爲我而戕汝身。我實不汝忍。亦不汝許。汝其代以他人。勿過勞。我痛苦若早滅。將有言以爲汝正告。不使汝憔悴若斯。」言時聲頗壯。氣頗盛。與未患病時無異。葉米利聞言大喜。答以安慰語。乃未幾又奄奄一息。葉米利乃慰之曰。「雖離別。亦暫時而已。」

先生曰。「此暫時之別。雖我心不無戚戚。然亦不覺其苦。獨惜我之身體一時衰一時。一刻弱一刻耳。」

葉米利曰。「君無苦痛之理。所苦者殘留未死之人耳。君不云乎。登天路。到天國。與基督相晋接。如此則夫復何苦。」

先生聆葉米利言。似疑其過於悲傷。不語者移時。沈吟良久。乃語葉米利曰。「我非欲舍汝而去。不過數之所定。莫可或逃耳。上帝若憫汝之悲傷。而假我數年。與汝同盡力焉。我之所願也。」

葉米利聞言問曰。「君願病愈乎」答曰。「神若欲活我。實我所願。我當盡非常之力完將成之字典。雖編纂字典。亦非愉快之事。又非滿足我心之事。然其爲一種緊要之事業。則實爲世人所公認。此事業成就而後我等眞實計畫。乃得實行。夫我之不惜勞苦。以從事斯事者。亦欲行我等之眞計畫焉耳。

葉米利又言曰。「衆人之意見。僉謂君不復人世」先生答曰。「然。我亦知之。人皆言我已老。老病交侵。食少事繁。自當膏盡燈熄。殊不知我年雖老。而情尚壯。汝之所知也。世有如我之以最大光明。最高熱情而沒者乎。我可斷其無也」言時。淚潸然下。涕泗交流。枕席爲濕。然其於悲哀歎息中。固不呈一點苦痛煩悶色焉。

先生又語葉米利曰。「我之所以欲存於世者。非以死之可悲也。非以生之可樂也。卽與世有莫大密切之關係。我亦不以去世爲悲。卽再予我以數年餘生。我亦不欲爲己求永遠之福利。不過欲利用此數年間。一爲汝身之善。一爲緬甸可憐之人。有以盡之耳。且我之所以不因死而懼者。非倦於事也。非厭夫世也。以神之所命。數之所定。莫能或逃而已。神若今日命我去。我卽歡欣以去。如小兒之由校歸家以赴之予于未來休息之所存。不能不似夫有所疑於其間者。殆如爲新婦者。欲前造幸福之家庭。而於其處女時代之任務。不忍遽付之一擲也。」

葉米利又問曰。「若未航海之先。而君遽然長逝。其無懼乎。」先生曰。「否否、不然。我旣不以死爲可驚。又不以死爲可懼。蓋我所賴者救主耶穌也。主將終始導我。決不至棄我於天國之門外。總之神若命我生。我尙欲數年之存。神若命我死。我卽不敢爲一息之戀。上帝命旨之所在。我決無違背之理也。」

翌日。有以緬甸信徒及信徒之外多數人皆不欲先生航海爲先生告者。先生意稍狐疑。告者去後。葉米利問曰。「君之感覺。尙如前夜所語者否。」先生曰。「然、我前夜之感覺。非偶發於一時。蓋數年以來。我已早有是念。不過至今日而顯露。且我實欲終抱是念。至死不變。我已準備我行矣。神有聖旨。我卽如命而往。無悔。然我固不求死。亦不以苦痛而忘卻自己之身也。」

葉米利又問曰。「君胡欲急於航海。吾思航海之事。與君健康上實無甚關係。」先生曰。「否、以我之判斷。不航海反誤我。醫生不云乎。居此則死無疑。航海則或有生理。我今所以違醫生所命。而不惜拋棄義務。不暇顧惜愛情。故阻我行之人。雖出於至愛之情。我亦不願其以厚愛之故。過拂我意也。」

四月三日。遂乘法蘭西船之到姆爾嗎因者。名阿利失期朶馬利。實行航海之策。扶以登舟者衆。弟子件之同行者拉母烈氏‥人先生初別家族遠航。頗覺傷悲。是夕。葉米利赴船。與之握手言別。竟爲苦痛所困。明知一離永訣。亦不能以片語表最後之離情然先生終坦然置之。不少介懷。蓋以全能天父。凡事先定。人不過奉行而已也。船沿河而下。河距海甚遠。由河達海。計程須歷一禮拜。故附船後。病勢益陷危險。三日之夜。苦痛益甚。痛極狂叫曰。「我將欣躍而死。」四日。痛稍輕。至能將苦痛之情形。爲人告語。且曰。「我之苦痛。人皆不知其若是之甚。我若早死。此苦痛庶可早除。」又以其足腫時之境況語人曰。「予足腫時。緬人見之。卽謂爲將死之徵。然予不以爲意。惟偶與醫生言之而已。」死之一事。先生無欣喜。亦無恐怖。惟其心因苦痛之所累。幾至不能感想。不能祈禱。則爲先生之所不能釋然者耳。

耶德遜

四月六日。上午三時半。水路之嚮導者。及緬語學教師。與阿馬矢朵教會之宣教師。離船而返。先生請拉母烈氏爲書以寄葉米利曰。「我之所以航海者。因欲我病之痊也。然是日苦痛益加。其稍不覺痛之右腹部。則墳起若瘤焉。

八日。已見鉄那射利母海岸。時鮮風徐來。精神頗暢。有頃迅雷暴雨。風亦頓息。先生此時。痛稍已。惟忽起呃逆。先生曰。「此呃逆欲殺我。我將不治矣」旋神氣頗覺清爽。伏案假寐。殊午夢方回。吐瀉交作。是夜及次日皆炎熱炙手。食物不進。終日沈睡而已。船長以各種藥物投之。皆無效。先生謝之曰。「藥之無效。非藥之罪。我所望者。我不以可盡之事。不盡而逝爲念。斯得矣。嗚呼。厲疾苦擾。藥物無靈。天也命也。夫復何言」每於吐瀉未發時。腸胃激痛。至謂不如速死。斯時先生之痛苦。誠不知若何矣。

九日之夕。拉母烈氏在先生臥榻側。先生曰。「我喜君之在此。予棄家來此。尚不甚感離別之苦者。以有唯一之親戚如君者之在左右也。君爲愛基督之人。有愛基督之人而在予側。卽爲予最可慰藉之事」拉母烈氏曰。我願君知基督在君旁。君之身爲其所支配。先生曰。「然我知之久矣。主之所以痛苦我至於如斯者。欲令我從其聖旨。十分決心赴死也。」船長覩狀。大為先生憂。竭力求藥。先生以藥餌無效。卻而謝之。

十一日晨。先生兩眼窪陷。睛已無光。物不留胃。十時與十二時。稍飲耶鐵路氣。略順。未幾吐瀉復作。昏亂瞶耗。知覺幾失。時索水飲。入口即吐。是夜熱度復增。四肢如鐵。頭熱如火。口不能言。欲有言。惟以手代表而已。

十二日晨。顏色容貌。已無生氣。正午昏亂尤甚。下午三時。以緬甸語語其侍者曰。「我事已終。我將逝矣。」未幾手略動。似欲有言。但其意不甚能表白。拉母烈氏傾耳於其口以聽之。若隱若現曰。「拉母烈兄弟乎。其速葬我。其速葬我。」拉母烈氏聞言後。因事外出。先生即以英語及緬甸語。託葉米利之事於侍者。而遽溘逝焉。時一千八百五十年四月十二日下午四時十五分鐘也。

先生長逝後。拉母烈氏決意俟十三日船近岸。葬於上。因船上各人。皆勸速葬。遂以堅木為棺。又以鐵桶數具。滿置砂石。繫棺外。以是夜八時。水葬於北緯十三度。東經九十三度之大海中。時先生去姆爾媽因纔九日。不見緬甸之山纔三日耳。

第十二章　遺業

先生之事業。一爲傳道事業。一爲譯書事業。而其事業之成就。則遠過於其青年時代時之所希望。蓋先生初入緬甸。不過欲建立二百人之教會。完成其翻譯聖書已耳。及其在蘭坤十年。阿發二年。姆爾媽因二十三年。其成就之大。則有人所不及料。且爲先生自己所不及料者。先生息勞時。緬甸人格蓮人誠心皈主而受水禮者。不下七千人。教會之數。六十有三。治理之者。外國宣教師及緬甸人牧師。共百六十三人。此外篤信基督。至視死如歸。甘殘暴如飴者。尚數百人。且將耶穌之種子。深植於緬甸人之心。所以政府之苛虐。社會之冥頑。皆莫能奪之。至於翻譯。則不獨緬語之聖書譯成。即緬語字典所未成者。祇緬英之部。英緬之部。則久告成功矣。

先生之所樂爲者。爲人所視爲最困難之事。亦爲人未及知覺之最初時期之事。所以新地布道之始務。彼毅然肩任之。且不願植耶教於無文學。無宗教制度之如桑道伊島。而願植耶教於既有古代文學。古代宗教儀式之如緬甸也。彼以爲布道於格蓮及桑道伊島島民族。則如空瓶注清水。無不歡迎而入。其事自易。布道於緬甸人。則如注水於充滿石油之瓶。非先將其原有之宗教觀念打破。則新教斷不能入。夫欲打破其數千年之古宗教。難可知矣。偉人不死。古語有之。即先生之志以觀先生死後所結之果。則先生之令人欽崇令人景仰。蓋有由也。

先生在安栥發時。曾與同學組織一美利堅傳道會社。此則美利堅外國傳道團之母也。轉巴普鉄司託教會時。而巴普鉄司託傳道會社。亦以成立。一千八百八十年。美利堅傳道會社。收捐金六十萬弗。以爲美利堅西部。亞非利加。土耳其。中國。日本。美若羅可斜。墨西哥。西班牙。奧地利。各處佈道之用。其所屬教會二百七十二。會員七萬人。宣教師牧師一千六百八十五人。美國浸禮會教徒。捐金三十萬弗以上。傳道地則緬甸暹羅。印度。中國。日本。及歐羅巴洲諸國。所屬教會九百零八。會員八萬五千三百零八人。宣教師牧師合計二百十四人。二會社組織完備。實力進行。各教會多倣行之。監督教會及美所期罘教會。亦爲外國傳道會之開始設立。長老會與組合教會。則年寄捐金於美利堅傳道會社。以助外國傳道之川。至一千八百三十六年。亦獨自創設傳道會社。其傳道地域。則爲西利亞。中國。日本。暹羅。阿非利加南阿非利加墨西哥印度等處。年費六十萬弗以上。宣教師牧師一千九百十九名。與聖餐者一萬四千五百八十八人。其餘學生。亦達一萬八千二百六十人。外國傳道事業。今幾遍全球矣。而溯源探本。則必以先生爲濫觴之始點。而尤以先生爲首屈一指焉。

先生之勇敢的行動。苦難的生涯。不獨可以激勵親炙先生之基督教徒。即雖非基督教徒。亦多有聞先生之風。得先生之片言隻字。而蹶然以興者。先生初欲建教會於巴烈矢期之猶太人間。不幸。不能如願。心常耿耿。至最終航海之前二三日。葉米利於烏期免演朵利夫烈苦打郵上發見記事文一段。內載德國發行之托拉克拉記有先生之事案。此托拉克拉。偶落三四猶太人之手。某猶太人在桑列比所將此譯爲猶太文。於是彼等研究之心。勃然而生。求宣教師於孔司坦期羅不魯茲事也。非與聖經所載。「汝朝種子。汝夕勿停手。何時繁茂。非汝之所知」之言相吻合乎。

美利堅傳道人之傳道外國者。每謂其傳道外國之方法。及其傳道之感應力。甚少非得自先生者。據先生遺兒葉多瓦爾記云。一千八百八十八年五月。開長老大會於撒拉朶鴉時所選之議長基沙子巴氏。當大會之終。卽出席於同地巴普鉄司託信徒大會。爲一場雄辯滔滔之演說。述其傳道事業。滿場屏息以聽。無一譁擾者。彼最終之言則曰。「我等欲昇天握手於使徒保羅之前者。其惟耶德遜先生乎」先生之爲後人所則傚。於此可以見矣。

紐約有一商人。其少年時讀粵蘭德所著之先生傳。興起感激。不知所措。卽赴其父農作地之牧場。請於其父曰。「兒欲畢生以事上帝」彼商人以讀先生傳。卽欲畢生事上帝。此一磁石不知吸引多少人靈魂歸於基督矣。此外讀先生之遺書。慕先生之懿行。如以六索引之以歸基督者。尙不知幾千萬人也。

先生之事業。至身後而愈益推拓。此皆先生之茹苦習勞有以致之也。其處囹圄。受迫逐。殫心竭力以終其天年。皆爲令人以聞而振作。聞而鼓舞之具。蓋傳道之要。不能出以逡巡畏縮。而進步必伴以苦難。此則神所默定。故爲斯世之恩人。皆飽飫斯世艱苦之人。格鉄在云。「彼等皆自昔被釘於十字架。或被焚者也」斯誠深體古來造福世界之人之所歷。而慨乎言之歟。欲給人以薔薇之花。必先自觸荆棘之刺。先生之事業。

其誠然也。

嗚呼先生今日之遺體。其予人以悼惜傷惋者。已暫藏於汪洋浩淼之下矣。然古來聖者之墳墓。固有足以爲抵敵異教喚醒迷夢之大用者。布魯矢爲蘇國英雄死之日。國人取其心肺塗以香油盛於銀盒珍重而保存之。當布魯矢子孫與撒拉省人血戰時。其指揮官投此盒於敵軍陣中。蘇國健兒見之大呼欲奪歸此盒前仆後繼奮勵前進。卒獲全勝。凡基督徒與邪魔奮鬥。亦當以從前宣教師盡瘁而死之地域爲播揚主道之根據地勇往向前。不可退卻。英國人之越陸渡海觀烏佼矢閔打寺院。大理石之遺碑。（此係忠實之人。立之以爲利汪古矢朵思之紀念者。）卽勇氣百倍深入煙瘴蠻人之阿非利加內地直至一切民衆。無不膝屈上帝之前口頌基督之名。而志尤銳吾儕基督徒其一念阿嗎斯德之賀必亞花樹下（先生原配安氏葬處）聖赫烈拿之岸傍。（先生續配夏利氏葬處）及印度洋之海底（先生葬處）之酣睡衆人而感激鼓勵。以力求克竟前賢之志者。吾知人有同心。萬年一致矣。

一千九百二十年中華民國九年七月初版

（耶德遜傳）

每本定價洋四角

重譯人　平樂張文開亦鏡氏
　　　　高要黎文錦獻賚氏

印刷所　美華浸信會印書局　廣州東山新河浦

發行所　美華浸信會印書局　廣州東山新河浦

分售處　南中國基督教圖書館　廣州西堤光樓下

No. 253.—ADONIRAM JUDSON.
Price, Forty cents per copy.
China Baptist Publication Society, Canton, China.